极简巴菲特

聪明投资者的金融常识书

JI JIAN BA FEI TE

斯凯恩 —————— 著

民主与建设出版社

Democracy & Construction Publishing House

图书在版编目（CIP）数据

极简巴菲特 / 斯凯恩著. — 北京：民主

与建设出版社，2016.5（2017.11重印）

ISBN 978-7-5139-1078-1

Ⅰ. ①极… Ⅱ. ①斯… Ⅲ. ①巴菲特，W. – 投资 – 经

验 Ⅳ. ①F837.124.8

中国版本图书馆CIP数据核字(2016)第086024号

出 版 人： 许久文

责任编辑： 李保华

策划编辑： 李金水　蔡荣建

版式设计： 新立风格

出版发行： 民主与建设出版社有限责任公司

电　　话： (010)59419778　　59417745

社　　址： 北京市朝阳区阜通东大街融科望京中心B座601室

邮　　编： 100102

印　　刷： 保定市西城胶印有限公司

版　　次： 2016年7月第1版　2017年11月第2次印刷

开　　本： 32

印　　张： 7.25

书　　号： ISBN 978-7-5139-1078-1

定　　价： 32.00元

注：如有印、装质量问题，请与出版社联系。

前　言

　　沃伦·巴菲特（Warren Buffett），一个在股票市场白手起家的亿万富翁，他将手中的 100 美元神奇地变为 620 亿美元，创造了一个投资的奇迹！

　　1930 年 8 月 30 日，巴菲特出生在美国内布拉斯加州的奥马哈市。他从小就极具投资意识，11 岁的巴菲特购买了平生第一张股票。

　　1964 年，巴菲特 34 岁时其个人财富就已经达到了 400 万美元，而此时他掌管的资金已高达 2200 万美元。

　　1965 年，35 岁的巴菲特收购了一家名为伯克希尔·哈撒韦的纺织企业，1994 年底，这家企业已发展成拥有 230 亿美元的伯克希尔工业王国，并已变成巴菲特庞大的投资金融集团。他的股票在 30 年间上涨了 2000 倍，而标准普尔 500 家指数内的股票平均才上涨了近 50 倍。

2006 年 6 月，巴菲特承诺将其资产捐献给慈善机构，其中 85% 将交由盖茨夫妇基金会来运用。巴菲特此一大手笔的慈善捐赠，创下了美国有史以来的最高纪录。

到 2008 年时，巴菲特的个人财富已经高达 620 亿美元，位居全球第一。

在 2009 年，全球经济都受到了金融危机的重创，巴菲特的财富也严重缩水，财富总量为 370 亿美元，居全球第二。

2015 年美国当地时间 9 月 29 日，《福布斯》发布的美国富豪 400 强榜单显示，沃伦·巴菲特凭借 620 亿美元财富排名美国富豪榜第二名，这也是沃伦·巴菲特自 2001 年以来的一贯排名。

在美国，巴菲特被称为"先知"，但在中国，他更多地被喻为"股神"。人们在不断猜测巴菲特成功的奥秘，事实上，巴菲特最大的秘密，就是他没有秘密。

任何人均可从格雷厄姆的作品《证券投资》《聪明的投资者》及巴菲特每年的年报中获得相应的一切知识。价值投资理论并不复杂，巴菲特曾将其归结为三点：第一，把股票看成许多微型的商业单元；第二，把市场波动看作你的朋友而非敌人（利润有时候来自对朋友的愚忠）；第三，购买股票的价格应低于你所能承受的价位。

"从短期来看，市场是一台投票计算器。但从长期看，它是一台称重器"——事实上，掌握这些理念并不困难，但很少有人能像巴菲特一样数十年如一日地坚持下去。巴菲特似乎从不试图通过股票来赚钱，他购买股票的基础是：假设次日关闭股市、或在五年之内不再重新开放。从价值投资理论看来，一旦看到市场波动而认为有利可图，投资就变成了投机，没有什么比赌博心态更影响投资了。

对于尚处于喧哗与骚动中的中国企业界和中国资本市场，若能反复思考和借鉴巴菲特的箴言，相信定能受益匪浅。

股神的投资之道，你无须知道得太多，也不能懂得的太少，读这本就够了！

目录
Contents

Part 01 成功之道

Part 02 价值分析

Part 03　投资策略

Part 04 **投资忠告**

Part

01

成功之道

Chapter *01*　巴菲特的投资思想是怎样形成的

巴菲特对所有股民提出了这样的忠告："中庸之道是惟一让我感到舒服的投资策略。我们的投资将以实质价值而非热门股作为投资的选择基础，并将会降低长期的资本损失；我决不会丢掉我所熟悉的投资策略，尽管这一方法现在很难在股市上赚到大钱；但我不会去采用自己不了解的投资方法，这些方法未经理论验证过，反而有可能有产生巨大亏损的风险。"

巴菲特的忠告显示了他在股票投资时那份特有的沉稳、冷静。这段话对于那些只看中股票利润而忽视风险的投机者来说，很不适用。巴菲特承认股市是"赌场"，但赌场同样需要冷静与克制，真正的赢家必定是那些能在狂热时控制住自己的人。

巴菲特早年在哥伦比亚大学商学院读书时，受教于著名的金融分析大师本杰明·格雷厄姆。格雷厄姆一向强调了解一家公司实质价值的重要性。他相信正确计算出这个价值，并以此为参考，去购买股票的投资能事半功倍。这套理论引起了巴菲特的高度兴趣，使巴菲特对企业数字有较强的敏感度。巴菲特在以后的股票生涯中，形成了自己独特的经营方式，"不应外物，悲喜由己"，用简单实用的方法获取了一笔又一笔的利润。

无疑，股市上的人们都很"急"，但要量力而行，找出一套属于自己的炒股方法，不要人云亦云。巴菲特说："我们的投资将以实质价值而非热门股作为投资的选择基础。"他保证"将会尝试降低长期的资本损失"。总的说来，他是"拒绝投机"的。

我们不妨听听他自己的解释：

"我不会只为了让我们公司的获利率增加一点，而去关掉一个利润低于正常值的企业。"

"我也觉得即使是一家有超额利润的公司，也不该资助一项在将来有重大亏损的投资活动。"

巴菲特具有超凡的判断力，判断力从一开始就最能反映巴菲特这一投资方式的特征。

判断力也许是帮助巴菲特在股票市场比任何人赚更多的钱的最重要因素。在《福布斯》公布的 400 位最富有的美国人中，他是惟一的一位单凭投资而被列入上述名单的。

巴菲特在 1991 年的伯克希尔年会上说："我在哥伦比亚大学从本杰明·格雷厄姆那里得到的一条忠告，我从未忘记过：你不是因为别人同意你的意见与否，你就是对的或错的，你是对的，因为你的事实是对的，你的推理是对的。那是使你正确的惟一东西。"

巴菲特的公司战略就是"希望电话铃声响起"。他希望坏消息快点透露，好消息也会光顾自己。他希望减少繁文缛节，精简会议，他喜欢凭经验去判断，他要的是行动而不是文字功夫。

其实，巴菲特的这一投资思想也不是无源之水，而是与他在哥伦比亚大学商学院所受的教育有关。

沃伦·巴菲特综合了本杰明·格雷厄姆和菲利普·费雪这两个传奇人物两种不同的投资哲学。格雷厄姆磨炼了巴菲特，但如果认为巴菲特仅仅是格雷厄姆教育出来的奇才的话，显然忽略了另外一个金融思想巨头菲利普·费雪的影响。

巴菲特在读了费雪《普通股和不普通的利润》一书后，直接找到费雪。巴菲特回忆说："当我见到他（费雪）时，他本人和他的思想都给我留下了深刻的印象。费雪很像格雷厄姆，没有一点架子，优雅大度，是一个非凡的人物。"尽管格雷厄姆和费雪的投资方法相异，但巴菲特认为他们两人"在投资世界里是并行的"。

事实上，格雷厄姆和费雪显然是不同的。格雷厄姆属数量分析家，重点强调了那些可以测量的因素：固定资产、当前利润以及红利等。格雷厄姆的研究范围仅限于公司档案和年度报告，而且也不去拜访公司顾客、竞争者或经理人员。他的兴趣仅在于研究能够形成容易被普通投资者接受的安全投资获利的方法。为了减小风险，格雷厄姆建议投资者对他们的资产组合彻底多元化。

费雪的投资方法与格雷厄姆的恰恰相反。费雪属质量分析家，重点强调他认为可以增加公司内在价值的因素：发展前景及管理能力。相对于格雷厄姆仅对购买便宜的股票感兴趣，费雪则购买那些有能力增加其长期内在价值的股票。费雪工作时间冗长，包括做深入访问，以便发现能改善他选择过程的点滴信息。和格雷厄姆不同的是，费雪偏向于投资组合集中化而不是多元化，即投资组合仅包括几种股票。

巴菲特相信这两种不同的教义在投资世界里是并行的。他的投资方法综合了费雪所坚持的公司业务及管理的质量方法，和格雷厄姆所信奉的理解价格和价值的数量方法。

1976 年，格雷厄姆去世后不久，巴菲特继承了格雷厄姆的价值投资法。实际上，巴菲特的名字成了"价值投资"的同义词。这样称呼他并不为过，因为他是格雷厄姆倾心栽培的学生中最有名的一个，并且巴菲特本人也时常寻找机会偿还他欠格雷厄姆的知识债。那么，巴菲特又是如何表示自己对格雷厄姆传授知识的感激和投资美国运通公司（1964年）、大都会美国广播公司（1986年）、可口可乐公司（1988年）以及威尔斯·法高银行股票（1990年）的决策保持一致的呢？因为在购买这些股票时，巴菲特并没有采取格雷厄姆的投资评估方法。

在早期的投资活动中，巴菲特对格雷厄姆的投资策略和分析方法虔诚之至。通过寻找以低于净资产的价格出售的公司，巴菲特买入了一家无烟煤公司、一家街区铁路公司以及一个风车制造公司的股票。但巴菲特很快意识到，按照格雷厄姆严格的数量界限去购买这些股票根本无利可图。在纽曼公司工作期间，巴菲特所做的研究促使他更深入地挖掘公司的财务报告，以便理解是什么原因导致了公司股价的下跌。巴菲特发现，他廉价买入的几种满足格雷厄姆检验准则的股票之所以廉价，是因为这些公司的基本业务正在遭受损失。

早在1965年，巴菲特就意识到格雷厄姆购买廉价股票的策略并不奏效。按照巴菲特的说法，用格雷厄姆的价值方法所购买的股票价格如此之低，以至于这些公司的经营只要"打个嗝"，投资者就会卖掉它。巴菲特把这种投资策略称为"烟屁股"方法。一个投资者走在大街上时，看见地上有一个烟屁股，便捡起来吸上最后一口。尽管这样吸烟很糟糕，但它的价格却使这最后一口怎么说也还算值得。巴菲特认为,为使格雷厄姆的策略长期有效,必须有人扮演清算人的角色。

按照巴菲特的解释,假如你用 800 万美元买下了市场价值为 1000 万美元的公司,如果以当时的市场价格出售,那么你将获取厚利。但是,如果公司的经营和经济状况很差,并且你在十年后才出售,那么你的收益就可能在平均水平以下。巴菲特认识到,"时间是好公司的朋友,是平庸公司的敌人"。除非你能帮助清算这个效益很差的公司,并从公司的市场价值和购买价格的差价中获利,否则你的收益将和这家业绩很差的公司一样悲惨。

巴菲特吸取了早期投资失败的教训,开始偏离格雷厄姆的严格教诲。"我进化了",他承认,但是"我并不是简单地从猿过渡到人,或从人退化到猿"。对比公司的数量特征,他开始欣赏公司的质量特征了。但他仍然在寻找廉价货色。巴菲特坦言:"我的教训来自于我在邓普斯特面粉加工厂、三流杂货店以及新英格兰纺织品制造商那里所受的折磨。"

巴菲特引用了凯恩斯的话来解释他的困境:"困难不在于产生新观念而在于背离老观念。"巴菲特承认,格雷厄姆教给他的投资哲学及方法对他太有价值了,反而推迟了他的进化。甚至在今天,巴菲特仍然信奉格雷厄姆的基本观点——安全空间。"即使在读到这个理论的 42 年后，我仍然认为'安全空间'这四个字是正确的。"巴菲特从格雷厄姆那儿学到的最有价值的思想是：当公司股票的市场价值明显低于其内在价值时，购买这类股票就是成功的投资。1984年，巴菲特在哥伦比亚大学纪念《证券分析》一书出版 15周年的集会上发表演讲时指出，有相当一部分成功的投资者承认他们共同的投资知识来源于本杰明·格雷厄姆。格雷厄姆提出了安全空间的概念和理论，而格雷厄姆的每一个信奉者在具体应用他的理论时，都发展了一套不同的方法来确定公司的内在价值。但共同的主旨都是寻找公司股票的内在价值与市场价格之间的差异。对巴菲特最近的投资感到迷惑的人没有把理论和方法区分开。巴菲特确实信奉格雷厄姆的安全空间理论，但他已经摒弃了格雷厄姆的投资分析方法。按照巴菲特的说法，直接应用格雷厄姆的方法易于赚钱的黄金时期是 1973 至 1974 年。

早在 1969 年，巴菲特就开始研究费雪的文章。但使巴菲特转向费雪思维方式的关键人物还是查理·蒙格。查理从某种意义上说是费雪的质量理论的化身，查理特别欣赏经营良好、价格合理的公司。喜思糖果公司和《布法罗新闻报》都是价格合理而又经营良好的实际例子。查理向巴菲特传授了选购好公司的智慧。

本杰明·格雷厄姆——来自东海岸的学者，是低风险的数量分析投资方法的代表人物。而费雪——创业于西海岸的企业家，则是较高风险的质量分析投资方法的代表人物。有趣的是，巴菲特住所正好处于两个海岸的中间——内布拉斯加，他综合了格雷厄姆的数量分析方法和费雪的质量分析方法。

从费雪那里，巴菲特认识到公司的业务类型、管理能力对公司价值起很大作用。因此，公司经理人员的特性也需要好好研究。费雪建议，为了全面了解一家公司，投资者必须调查公司的方方面面以及它的竞争对手。从费雪那里，巴菲特深知"闲话"的价值。经过多年努力，巴菲特创立了一个广泛的接触网络。借助这个网络，巴菲特能够对各种不同类型的公司进行评价。

最后，费雪教导巴菲特不要过分强调多元化。费雪认为，投资者被多元化误导了，他们相信把钱放在几个篮子里能降低风险。但购买太多股票的害处是不可能去观察"所有篮子中的所有鸡蛋"。投资者得冒花太少精力在他们熟悉的公司上而花太多精力在他们陌生的公司上的风险。按费雪的说法，买入大量对其业务不甚了解的公司的股票所承受的风险要比投资了解深刻的有限多元化更大。

格雷厄姆不考虑公司的业务特征，也不考虑公司的管理能力，他的调查研究仅限于公司档案和年度报告。如果仅由于股票市价低于公司资产账面价值而出现数学意义上赚钱的可能性时，格雷厄姆就会买下该公司的股票，而不管它的经营管理状况。为了提高投资成功率，格雷厄姆选择大量购买、广泛分散的投资策略，这个做法和费雪正好相反。如果格雷厄姆的教导仅限于这些方面的话，巴菲特是不可能重视他的投资哲学的。对巴菲特来说，格雷厄姆的安全空间理论是如此重要，以至于格雷厄姆方法的所有缺点都可忽略不计。

除了促成巴菲特思维框架的安全空间理论外，格雷厄姆还帮助巴菲特认识到了跟踪股市波动的愚蠢性。格雷厄姆教导巴菲特说，股票既有投资特征也有投机特征。安全空间有助于解释股票的投资特征。股票的投机特征是人们恐惧和贪婪的结果。这些存在于大多数投资者中的情绪往往导致股价过分偏离股票的内在价值。如果能够克制住自己，不受股市情绪旋风的影响，就有机会利用那些基于感情而不基于逻辑分析的投资者的非理性行为。巴菲特从格雷厄姆那里学会了如何独立思考。如果你基于正确的判断提出了一个合乎逻辑的结论，那么，不要仅仅因为别人不同意而轻易放弃。格雷厄姆写道："别人不同意你，并不能说明你对或错，你之所以正确，是因为你的数据和推理正确。"

巴菲特同时倾心于格雷厄姆和费雪是容易理解的，格雷厄姆给了巴菲特有关投资的思考基本准则——安全空间，并且帮助巴菲特学会了控制情绪以便从市场波动中获利。费雪则教给了巴菲特实际可行的选股方法，使巴菲特能够判别出好的长期投资。当人们认识到巴菲特的投资行为是格雷厄姆和费雪投资哲学的综合体现时，围绕巴菲特投资行为的困惑也就容易解释了。"仅有好的智力是不够的，关键在于很好地应用智力。"正是智力应用这个环节把巴菲特与其他投资经理人区分开来了。不可否认，和巴菲特一样聪明，甚至比他更聪明的大有人在，但像他一样成功的却是绝无仅有。为什么呢？因为他始终如一地坚持着自己的投资哲学，从不动摇。

Chapter *02* 巴菲特最本质的两条投资经验

沃伦・巴菲特在股票投资中取得的巨大成功，令人眼红心痒，使人们对他的投资理念推崇备至，那么我们如何学习巴菲特投资理念的内涵实质和精髓要领呢？实际上，巴菲特最本质的投资经验有两条：

（1）坚持中长期投资，尤其是坚持长期投资；

（2）坚持做自己熟悉的股票，也就是说，坚持做熟不做生的操作方法。

巴菲特曾经戏称，即使美联储主席格林斯潘对他悄悄耳语"将降息或提息"，他也绝对不会动摇而改变其上述两条基本投资经验。这实际上意味着巴菲特具有高度的自强自信和顽强精神，以及具有高瞻远瞩的境界。反观中国股市，不少人对小道消息却是十分敏感，把消息当作灵丹妙药和赚钱捷径。稍有风吹草动或稍有微风轻浪，便会立即掀起行情的剧烈波动，不是直跌，便是狂涨，此起彼伏，其间最大缺陷就在于缺乏自强自信的投资理念和顽强从容的精神风格。

对于巴菲特的第二条经验，恐怕绝大多数股民至今为止都无法具备。因为从市场实践中观察，不少股民热衷于赶时髦、爱朦胧、喜题材，误以为捉到黑马，往往是不分青红皂白，拾进篮子里就是菜，品种选进十多只，持股各占二三百，真所谓是"圆台面上一大桌菜"；在红红绿绿的行情面前，弄得眼花缭乱，顾此失彼，无所适从，甚至于做坏了自己的心态，怨天尤人，指责谩骂。实际上，倘若能像巴菲特一样做熟一或两只股票，来回反复持续地做下去，其感性和理性收获必定不浅。因而掌握其股票的内在价值，摸透其量价关系变化，熟知其市场股性积极动态程度，清楚其动态表现和静态现状，这才是真正的赚钱要领。

学习与应用巴菲特投资经验的关键：

（1）自身要具备勇气和毅力。

（2）要具有忍受孤独的顽强精神风格。

（3）要保持高度自强自信的天性。

培养成凝聚牢固的天性，方能真正达到自我理财的至高境界。然而面对市场现状，正确选择投资理念和操作方法才是至关重要的，否则不论投资积极性和信心如何坚挺，也不管其选股是如何精明，最终难以逃脱高抛低吸的行列，最终责怪于牛短熊长。

Chapter *03*　用一生证明了复利的奇迹

也许在你还是个小孩时，大人就告诉你，如果你有 1 分钱，在年底翻番，那么第一年末你就有了 2 分钱，第二年末再翻番就有了 4 分钱。如果 27 年内每年都翻番的话——0.01、0.02、0.04、0.08、0.16、0.32、0.64、1.28……那么在 27 年内，你将从第一年的 0.01 元变成 130 万元。听起来真像魔术一般，这就是金钱以 100% 的复利累积起来的真实情况。

在巴菲特与人合伙的早期阶段，他一直热衷于在信函和便笺上向合伙人解释金钱复合起来的价值，这主要是因为复合是世界的奇迹之一，而巴菲特淋漓尽致地将它的作用发挥到极限，使自己的投资利润以极高的比率增长。而他成功的真正秘诀在于获取不征收个人收入所得税的较高的以复利计算的年收益率。这就是他最大的秘密，也使大多数效仿他的人感到困惑。

下面就让我们看看 10 万美元在 10 年、20 年、30 年以后按免税复利率 5%、10%、15%、20% 计算的终值。

10 年以后，10 万美元按复利率 10% 的终值为 259374 美元；如果利率提高到 20%，那么 10 年后就变成了 619173 美元；20 年后为 3833759 美元；如果是 30 年，则按 20% 的复利，10 万美元变成了 23737631 美元——一个大得多的数目。真让人吃惊！10% 细小的差别竟可以对你的收益产生这么巨大的影响。

复利率的一些细微差别，在经过很长一段时间后就会产生令人吃惊的区别。10 万美元按复利率 5%，30 年后为 432194 美元。如果利率提高到 10%，30 年后 10 万美元则变为 1744940 美元。再提高 5%，10 万美元就变成了 6621177 美元。再从 15% 提高到 20%，你就会发现 30 年后 10 万美元变成了 23737631 美元。

这就是 10 万美元 30 年后在复利率 5%、10%、15%、20% 情况下的终值。

巴菲特力图经过尽可能长的一段时间获得尽可能高的复合收益率。巴菲特使伯克希尔·哈撒韦的净值按年复合收益率 23.8% 的速度增长了近 32 年，这实在是个奇迹。理解巴菲特的关键就在于复合的概念，实际上这很简单，也易于理解。但不知为什么它在投资理论中的重要性总是被忽视或低估。现在让我们仔细探讨一下这个问题。

首先必须理解的事情，就是复合收益率与通常公司债券等的收益率不一样。一般说来，债券总有固定的数目，一般是 1000 美元，然后投资者将这些钱借给债券发行人一段时间，比如说以 8% 的利率借给通用汽车公司 5 年。那么这 5 年里投资者每年年末都会收到 80 美元的利息，第 5 年年末还能收回本金 1000 美元。这样投资者共收到利息 400 美元。

从税收的角度看，投资者每次收到 80 美元的利息时，都应该作为个人收入纳税，如果投资者的其他收入很高，也许税率会达到 31%，那么投资者的年税后利润就只有 55.20 美元，那么 5 年内投资者税后可以收到利息 276 美元。

现在，如果通用汽车公司不把年利息付给投资者，而是把每年的利息加到投资者最初的本金上生息，那么就会增加投资者的收入，因为利息也会进一步带来利息收入，利滚利不断地持续下去。而且由于不将利息发放给投资者，平时也不用纳税，只有在第 5 年年末通用汽车公司将本金和利息一起偿付给投资者时，投资者才一次性地纳税。

因此，在本例中，如果通用汽车公司将第 1 年的利息 80 美元保存在公司，计入投资者的本金，那么第 2 年年初投资者的本金就变成了 1080 美元。第 2 年通用汽车公司必须对这 1080 美元按 8% 付息，那就是 86.40 美元，再把这 86.40 美元加到最初的 1080 美元上，第 3 年年初本金就变成了 1166.40 美元。这样不断地持续下去，一直到第 5 年年末。

在第 5 年年末，当债券到期时，投资者会收到 1469.32 美元，这意味着通用汽车公司的债券不仅返还了 1000 美元本金，还有 469.32 美元按复利计算的利息。投资者必须对这 469.32 美元收入付个人所得税，税率为 31%，这样税后收入就会减至 323.83 美元。如果没有税收，那么投资者 5 年内的年复利收益率为 8%。

但是不要高兴太早，税务部门早就洞察这一逃税伎俩，他们会在每年年末向投资者寄上税单，即使投资者实际上当时并未收到利息，因为那是 5 年后的事情。

但是巴菲特发现税务官们忽略了一个重要因素。在巴菲特看来，购买公司的普通股同购买债券一样。股票是一种权益，它同债券的惟一区别就在于其收益不是固定的，要随公司的经营情况好坏而变化。税务官们忽略了，如果普通股的利润不以红利形式分发，那么就不需要缴纳个人所得税。因为像各种投资统计上登出来的公司净利润都是缴纳公司纳税以后的利润，如果不以红利形式派发是不需要再纳税的。而一旦以红利形式发给股东，股东就必须对这些红利缴纳个人所得税。

例如，A 公司税后净利润为每股 10 元，如果它将这 10 元派发给股东，那么股东必须就这 10 元缴纳个人所得税，如果税率为 30% 的话，税后收益就变成了 7 元。但是如果 A

公司把这 10 元留存在公司内部而不派发红利，那么股东的钱就会留在公司里，不用缴纳个人所得税，因而可以不断地复合下去。

巴菲特知道投资于公司债券和国库券所获的收益必须征收个人所得税。这样，如果这些债券的收益率为 8%，那么税后利润大约只有 5.5%。

巴菲特对那些每股利润很高并且持续上涨的公司很感兴趣，这就意味着他购买的股票能获取不断上涨的收益率。如果公司不把利润作为红利派发给巴菲特，而是留在公司，那么巴菲特就不用缴纳个人所得税，除非他卖掉股票。

留在公司内部的盈余会按公司再投资的利润率不断增长，而且还不用缴纳个人所得税，这真是不错。别忘了，巴菲特的投资目的就是在尽可能短的时间内获取最高的复合收益率。

前面我们已经说过，过去 32 年里伯克希尔·哈撒韦公司的年复合收益率达到 23%。因此，如果 20 世纪 80 年代初期以账面价值购买该公司的股票，那现在每年大约可获 23% 的收益率。当然，为了避免缴纳个人所得税，公司不会把这 23% 的利润发给股票持有人，这样股票持有人就不能收回资本，但把钱存放在公司里让其不断增值可以带动股价上涨，这样对股票持有人是有好处的。伯克希尔·哈撒韦的股价从

1982 年的 500 美元涨到了 1997 年的 48600 美元。

当然，如果股票持有人卖掉伯克希尔公司的股票，他必须缴纳资本利得税，但是，23% 的利润却不用缴纳个人所得税。

假设投资 1000 美元购买 10 年期的证券，预计可获得 23% 的年复利收益率，那么第 10 年，你的投资将达到 7925 美元，其中利润为 6925 美元，如果扣除 20% 的资本利得税，那么税后利润为 5540 美元，这样 10 年以内每年复利收益率为 20.65%（一笔 10 万美元的投资按年复利收益率 20.65% 计算，10 年后为 653541 美元，如果时间延长至 30 年，那么 10 万美元将变成 27913853 美元）。

如果投资于普通的公司债券，要想使税后复利收益率达到 20.65%，那么债券的年利率必须达到 29.94%。

如果现在有一种 AAA 级公司的 10 年期债券，年收益率达到 29.94%，你会买吗？我相信你一定会。实际上，你会尽其所能购买，而且还会将朋友的钱吸收过来组成合伙集团一起购买。这就相当于 20 世纪 80 年代初期投资于伯克希尔·哈撒韦公司。实际上，华尔街上的人都可以这么做，但只有极少数的资金如红杉资金才真的这样做了。这就是为什么大多数华尔街的顾客们还不至于富到拥有游艇的原因。

Chapter 04   集中投资到少数几家杰出的公司上

巴菲特说："投资必须是理性的，如果你不能了解它，就不要投资。在你了解的企业上画个圈，然后剔除掉那些缺乏内在价值、好的管理和没有经历过困难考验的不及格的公司。剩下来入选的公司很少，所以我们的投资仅集中在几家杰出的公司身上。"

巴菲特集中投资的杰出公司虽然所处行业不尽相同，但也有共性的特征：第一，它们是具有消费垄断性的公司；第二，它们是利润丰厚，财务稳健的公司；第三，它们是可以用留存收益再投资的公司。

具有消费垄断性的公司

1938 年，约翰·霍普金斯大学一个叫劳伦斯·布鲁伯格的学生在他的博士论文中，论述了消费者垄断的投资价值。

布鲁伯格认为，消费者的商誉意识与下列因素相关联：

企业便利的地理位置、彬彬有礼的雇员、便捷的送货服务、令人满意的产品。他还认为持久而诱人的广告使某种产品和商标深深印在了顾客心里，从而在购买时只买这几种商品。或者通过某种秘方和专利，一个公司提供的产品与众不同从而吸引顾客，就像可口可乐的秘密配方。

布鲁伯格说，由于上述这些因素的影响给公司带来了可喜的结果：更高的权益收益率、利润的增长、股票的良好业绩，从而使这些公司的股票无论在经济景气还是萎缩的情况下，都可以占领市场。

沃伦·巴菲特参考布鲁伯格的理论，发明了一种方法来检验某企业是否存在消费者垄断，他的问题是："如果有几十亿资金（他确实有）和在全国 50 名顶尖经理中挑选的权利，能开创一个企业并且成功地与目标企业竞争吗？"

如果问题答案是"不"，那么这个企业就具有某种类型的消费者垄断。

在巴菲特看来，检验消费者垄断的效力的一种方法就是看如果不以赚钱为目的，竞争者能对该企业产生多大的破坏力。它有可能和《华尔街日报》竞争吗？你可能花了几十亿资金，但仍不能减少该刊物的读者人数。你能开创一个口香糖公司与箭牌公司（Wrigley）抗衡吗？好像迄今为止无人成功。还有可口可乐，想一想全世界有多少不同的地方在卖可口可乐！每个加油站、电影院、超级市场、饭店、快餐连锁店、酒吧、旅馆、运动场，都有可口可乐的影子。它如此受人欢迎以至于商店和饭店都不得不销售它，因为不这样他们就会失去很多顾客。你能再想出其他品牌的商品是各个摊贩们非卖不可的吗？

如果你想和可口可乐竞争，你必须具有相当于两个通用汽车公司的雄厚资本，但说不定你还是会失败，因为可口可乐是一种无人能敌的品牌，我们已经消费了好几万杯这种饮料，你怎样呢？你的孩子们呢？

同样的情况还有万宝路香烟，很难想象一个抽万宝路香烟的人会转向其他品牌的香烟。

因此可以认为，检验消费者垄断的办法就是问这样一个问题：如果有人给你一种权力拥有像万宝路这样的品牌，或使你有权拥有可口可乐公司的秘密配方，所罗门兄弟公司这类的投资银行会不会同意为你筹集开办企业所需的几十亿美元？如果是，那么这种产品就具有消费者垄断。

如果某人拥有城区内唯一的自来水公司，那他一定会赚大钱。唯一的难题在于长期以来自来水行业都受到管制。大多数公用事业公司都是如此。如果管制不存在，那么这就是一个可以为你带来丰厚利润的产业，你所需要的就是不受管制的自来水公司。

但是，投资者们都意识到了这一点，这样那些不受管制的公司的股票价格就会非常昂贵。由于所付的价格决定回报率，所以这样就会减少回报率，因此最好的方法就是寻找一种还没有被公众所认识的公司股票，也许是一个伪装的自来水公司。

布鲁伯格认为，具有很强的消费者垄断的公司之所以能够有很高的盈利，其原因在于它们不必过度依赖于对土地、厂房和设备的投资。而这些固定的费用和财产税会消耗那些普通商品企业的利润。

相反，具有消费者垄断的公司的财富主要以无形资产的形式存在，比如可口可乐的配方和万宝路的品牌，这样，由于联邦税收主要是针对利润，所以税额可以根据公司利润而变，而像通用汽车公司那样必须不断投资于有形资产的公司，其利润的弹性就不大，在企业扩张的早期，一般商品类型的企业只有依靠大规模地扩建厂房才能满足需求增长的需要。

具有消费者垄断的公司，由于具有很大的现金流量，所以几乎没有什么负债。箭牌公司和 UST（美国烟草公司）的资产负债表上就没有什么负债，这两个公司一个生产口香糖，一个生产香烟。由于负债很少，它们就有很大的自由去向别的更有盈利能力的企业投资，购买它们的股票。另外，这些企业的产品大多是低技术产品，不需要非常先进的厂房。而且由于没有竞争者的威胁，它们的生产设备能够使用更长的时间，因为没有竞争者就意味着不必不断地进行设备更新和厂房改造。

通用汽车公司生产的汽车属于价格敏感型的普通商品，它必须花几十亿元更新设备或购买新的生产设施来生产新型号的汽车，而这种新型号的汽车也许只具有几年的竞争力，这样，公司又不得不进行新一轮的改造。

值得注意的是，商业的历史显示出不同类型的消费者垄断，从贸易开始形成以来就一直存在。从早期在远东贸易的享受消费垄断的威尼斯人，到英帝国对冶铁业的垄断，到早期的西部美洲，那时科尔特（Colt）和威切斯特（Winchester）就象征着高质量的火器，还有德国的著名火炮生产商克虏伯（Krupp），它的产品在两次世界大战中都被广泛运用。这些企业都从消费者垄断中获利，由于其产品和服务的质量，消费者愿意为之多付钱。

再看一看通用电气公司，这是由托马斯·爱迪生参与创建的公司，它为全球提供电力，向某个国家销售发电技术以及电线，然后再向其销售电器、灯泡、发电设备和冰箱（就像吉列公司向消费者派发剃须刀以使其购买吉列刀片一样）。今天，通用电气公司已是美国最有实力的商业公司之一，它的实力部分来自于 20 世纪上半期它独占市场时积累的雄厚资本。

利润丰厚、 财务稳健的公司

具有消费者垄断固然很好，但是经理人员也许不能利用好这一因素，从而使每股利润起伏不定，巴菲特寻找的就是具有丰厚的利润并呈上升趋势的公司。

巴菲特感兴趣的公司，其盈利情况应该是：该公司不仅拥有具有消费者垄断的商品，而且公司的经理人员还善于运用这一优势，来提高本公司的实际价值。

巴菲特喜欢财务政策保守的公司。一般说来，如果一个公司具有消费者垄断，那么它就会有相当丰富的现金，没有长期的债务负担。巴菲特最喜欢的公司如箭牌公司、UST 和国际香水公司就没有什么长期债务，而巴菲特经营业绩较好的公司，如可口可乐和吉列公司的长期债务不超过公司净现金利润的一倍。

有时候，一个优秀的企业即使具有消费者垄断，它也会大借外债来获得对其他企业的控制权，如大都会公司就曾使自己的长期债务增加一倍以购买 ABC 电视台网。如果情况是这样的话，就必须保证要购买的公司必须也具有消费者垄断，本例就是如此。如果购买的公司不具有消费者垄断，那你就必须小心了。

当长期债务用来购买其他公司时，必须遵循下列规则：

（1）当两个具有消费者垄断的公司结合时，这将是一次奇妙的联姻。由于两者都具有消费者垄断，这将产生巨大的现金流量和超额利润，从而很快就能将所借的长期债务还清。

（2）当一个具有消费者垄断的公司与另一个普通商品类型的公司结合时，其结果往往不尽如人意。这是因为普通商品类型的企业为了改善自己不佳的经济状况，会侵蚀掉消费者垄断所产生的利润，从而没有足够的钱来偿还借下的长期债务。一种例外的情况就是某个商品类型企业的经理人员，利用公司的现金流量购买了另一个具有消费者垄断的企业，随后在完成这种结合后就抛弃了急需补充现金的商品类型企业。

（3）当两个商品类型企业结合时，这就是一种灾难。因为两个企业都没有能力获取足够多的利润来偿还借款。

在寻找优秀企业的过程中，应寻求那些具有消费者垄断并且财务状况较保守的企业。如果一个具有消费者垄断的公司想借一大笔长期债务，那么除非它想购买另一家也具有消费者垄断的公司，否则就是不可取的。

可以用留存收益再投资的公司

巴菲特认为，一个优秀企业还应具有这样的特征：企业有能力对保存盈余进行再投资，以便获得额外的高昂利润。

巴菲特小时候曾迷上了一种弹子机游戏。他发现别人也非常想玩，但弹子机不是许多人能买得起的。于是，他购置了一部弹子机出租，生意很火。如果他只保留一部弹子游戏机，永远不扩展其业务，而把从中所挣的钱都存入银行，那么，他的利润率就是银行存款利率。

但如果巴菲特把挣来的利润投在一个新的企业上，其投资回报率高于银行利率，那么巴菲特就能获得更高的权益收益率，反过来会使股东更富有。想一想，如果 10 年之中每年给你 1 万美元，你都将其锁在抽屉里，那么 10 年后你一共会攒 10 万美元。但如果你以年利率 5% 的存款利率将钱存入银行，10 年末你就会有 132067 美元。如果我们像巴菲特一样精明，每年可以以 23% 的复利率进行投资，那么 10 年末我们将会有 370388 美元。这比藏在抽屉里的 10 万美元以及存在银行的 132067 美元要多得多。

如果 20 年内每年都能有 23% 的收益率，那么 20 年末总额共计 3306059 美元，而将钱锁在抽屉里只会有 200000 美元，以年利率 5% 存入银行也只有 347193 美元。

巴菲特相信，只要一个公司能以超过平均数的收益率进行投资，那么就应该将盈利保存在公司进行再投资。他不止一次地说过，只要公司能获得平均数以上的收益率，他就对伯克希尔·哈撒韦公司保存所有的盈余而不分派红利感到很高兴。

巴菲特正是利用这一投资哲学进行投资，并把它运用到那些他的股东没有太大兴趣的公司。他相信：只要公司以前能很好地利用保留盈余进行再投资，或能以合理的收益率进行运用，那么，将盈利保留下来再投资就对股东有利。

但是要注意的是，如果一个公司的资本需求不大，但资本运用不佳，或者经理人员常常把留存盈余用于盈利率较低的投资项目，在这种情况下，比较好的选择应该是将利润以红利形式派发，或者购回股票。

如果保留盈余被用来购回股票，公司实际上是在收回其财产权利，同时也增加了那些仍持有股票的股东们未来的每股盈利。可以这样来看这个问题：如果一个合伙企业有三个合伙人，那么每人拥有该企业 1/3 的产权。现在企业用资金买断了其中一个人的股份，那么剩下的两个股东每人拥有

50%的股份，公司的盈余就由两个人平分。这样，股票购回就使每股盈余增加，从而造成了公司股价的上升，这就给股东带来了更大的财富。

巴菲特的首选是投资于"现金牛"，也就是那些需要很少的研究开发费用，或不大进行厂房和设备更换的非常具有盈利能力的企业，最好的"现金牛"是有能力投资于或购买其他"现金牛"的企业。以纳贝斯克和菲利普·莫里斯公司为例。这两个公司都拥有烟草企业，都是"现金牛"，并能产生巨大的保留盈余。如果它们将这些盈余进行再投资，比如说投资于汽车行业，那么在获利之前必须进行很长一段时间的巨额开支，但是，如果它们的投资目标投向其他"现金牛"，如烟草行业和食品行业，像纳贝斯克食品公司、通用食品公司、卡夫食品公司以及其他一些著名的食品公司。这种情况还有一个典型例子是萨拉·李（Sara Lee）公司，它不仅生产著名的巧克力蛋糕，而且还拥有其他一些著名的品牌，如里格斯（Leggs）、汉斯（Hanes）和普雷泰克斯（Playtex）。

大都会公司在和迪士尼公司合并以前，曾利用其"现金牛"光缆电视企业去购买 ABC 电视网。ABC 公司是另一个"现金牛"。长期以来，大都会公司一直把大量资金花在购买其他新闻媒体上，这是因为电视台和电台能产生大量的现

金，从而使股东愿意花钱去购买。建造一所电视台可以持续
40 年，直到现在，新闻媒体的消费者垄断还受到联邦政府的
保护，但是，由于运用通讯线路而造成的光缆、卫星和电视
的发展产生了一个问题：三大网络巨头——ABC、CBS 和
NBC 能否保持其竞争地位？

　　有一个关于大都会公司的总经理汤姆·墨菲（Tom Murphy）的故事。当他坐在巴菲特的家中看电视时，有人问他：
"你觉得广播通讯领域的许多成就令人吃惊吗？"他回答说，
他更喜欢只有黑白电视和三个网络巨头竞争的时代。巴菲特
相信广播业虽然不像以前那样盈利丰厚，但还是个不错的
行业。

　　在对企业进行长期投资时，最重要的一个问题就是公司
的经理人员能否有效利用其保留盈余。如果将资金投向了那
些没有什么前途的企业，那么资金就会落空。

Chapter *05* 巴菲特不愿投资的企业

巴菲特为什么不愿意投资在商品型的企业里呢?

其实道理很简单,商品型企业的顾客群不是消费者,而是其他的公司。这些公司不像消费者有消费人性那样,会对品牌产品日久生情、变成情有独钟的现象。反之,它们完全是以价格和品质来作采购标准的。一不小心,顾客就会转换供应商。这不是顾客不讲人情,而是如果他们讲太多的人情、向你进更贵的货,他们就会被自己的行业竞争者击败而倒闭。

我们常看到,商品型的企业一不小心,就会被他人取代。

更糟的是,商品型企业的命运并不完全是由自己主宰的。劳工成本就是一个例子。所以我们看到了各种工业从先进国家转移到发展中国家,接着再转到落后国家的现象。

要想清楚了解巴菲特的思考模式,我们现在对这类企业做更进一步的探讨。

当我们谈到商品型的企业时,我们说的是:一个企业所生产的商品,价格是消费者最主要的购买因素之一。

在我们的日常生活当中，最简单而明显的商品型企业是：纺织业；食品原料，如玉米和稻米；钢铁业；天然气和石油公司；木材业；制纸业。

这些公司所生产的商品，在市场上面临强劲的竞争，价格是影响消费者选购的主要因素。

即使石油公司企图让我们相信某一个品牌比另外一个更好，然而当我们在买汽油的时候，仍然是以价格为依据。价格是决定性的因素，同样的产品还有水泥、木材、砖块、记忆体以及电脑的处理晶片。

我们必须面对这个事实：你所购买的玉米来自于何处并不重要，只要它是玉米，而且口味像玉米就可以了，由于玉米市场强大的竞争导致利润非常微薄。

在商品型的企业当中，低成本的公司将会取得领先的地位，这是因为低成本的公司在定价方面有较大的自由，成本愈低，利润就愈高。虽然这是个简单的概念，但是却有非常复杂的意义，因为要降低成本就表示公司在生产制造方面必须不断求进步，以保持领先的地位。这需要资金额外的支出，而消耗掉保留盈余，并因此造成研发新产品以及收购新企业速度的降低，而这两者能够增加公司产品的价格。

其中的过程通常是这样：A 公司在生产制造的过程当中，做了某些改进以降低成本并增加收益，于是 A 公司降低市场上的销售价格，增加边际效益，企图从B、C、D公司手中瓜分更多的市场。而B、C、D公司不愿将市场拱手让给A公司，因此它们只好和A公司一样不断改进生产过程，B、C、D公司于是开始降低价格，与A公司竞争，并削减了公司因为改善生产过程而得到的利润，恶性循环就开始了。

有时候对某种服务和产品的需求，超过它所能供应的量，就像飓风扫过佛罗里达州，摧毁了数以千计的房舍，而使三夹板的价格一飞冲天的情况。此时，所有的厂商都能够得到收益，但是需求增加通常也会导致供应增加，一旦需求疲弱，过度供应也会造成价格和利润的再度下跌。

此外，商品型的企业也要完全依赖管理阶层的品质与智慧去创造利润，如果管理阶层缺乏眼光，或是浪费公司宝贵的资产，误用公司的资源，就会丧失企业的优势，从而在强劲的竞争下失败。

首先，从投资的角度来看，商品型企业的未来成长空间非常小，由于价格的竞争，这些公司的利润一直很低，所以公司较缺乏经费扩充企业，或是投资更新设备。第二，就算他们设法开始赚钱，盈利通常用来更新工厂的设备，以保持竞争的能力。

商品型的企业，有时为创造市场空间，运用广告轰炸消费者，让消费者以为它们的产品胜过竞争对手。在某些例子中，为保持产品的领先优势，就必须做出相当幅度的改进，然而问题是不论产品做多少改进，如果消费者选购的惟一标准就是价格，那只有低成本的公司会取得领先的地位，而其他的人只能不断挣扎求生。

巴菲特喜欢将柏林顿企业（Burlingten）的例子作为不良投资的典型。那是家纺织厂，是生产商品型产品的公司。

1964年，柏林顿企业的营业额是12亿美元，股票大约30美元一股。从1964至1985年间，公司的资本支出大约30亿美元，或是每股100美元，为提升公司的效率赚更多的钱，资本大部分的支出都用来改善成本、扩充设备。1985年公司的营业额是28亿美元，由于通货膨胀而丧失不少销售机会，收益也比1964年大幅减少，1985年股票每股34美元，只比1964年高一点，公司21年的营运花了投资人30亿美元，却只让股东的收益获得些微的增加。

柏林顿的管理阶层是纺织业界最能干的一群人，但是问题在于这个行业本身由于过度的竞争，使得经济层面表现不佳，而造成整个纺织业实质上的生产力过剩，这就表现在价格上的强烈竞争，形成较低的利润，股票因而表现不佳，使股东失望。

巴菲特喜欢说，当杰出的管理阶层碰上了不良的企业，通常是不良的企业依然保持原状。

要辨别商品型的企业并不难，它们通常销售许多其他企业也在销售的产品，它们的特色包括如下七个方面：

（1）低利润：低利润是价格竞争的产物——一家公司降低产品价格，以便与另外一家公司竞争。

（2）低回收率：美国公司的回收率大约在12%，低于这个数字的企业就可能是属于商品型企业。

（3）缺乏对品牌的忠诚度：如果你所买的产品其品牌意义不大，你买的可说是商品型的产品。

（4）大量的生产者：走进任何一家汽车用品店，你会发现有七八种不同品牌的油品，都卖同样的价格。由于有众多的生产商，产生了竞争，而竞争导致低价，低价又使得利润降低，而低利润就使股东的收益减少。

（5）实质生产力过剩：任何时候业界发生实质生产力过剩的现象，就没有人能从需求增加当中真正获利，一直到生产力过剩的现象消失，价格才会开始回升，然后当价格开始回升的时候，管理阶层又蠢蠢欲动开始想要成长，在他们的脑海中企业帝国的伟大形象开始形成，由于口袋中有股东所托付的资本，管理阶层最后会为这些异象采取行动，他们会扩充生产能力，而造成生产力过剩。

问题是其他的企业也有同样的想法，于是所有的人都开始扩充生产能力，生产力过剩的恶性循环又开始了，生产力过剩代表价格上的竞争，而价格竞争代表利润降低。

（6）变化不定的利润：真正能够让你辨识商品企业的方法是利润变动剧烈，研究公司过去7至10年间每股盈余变动的情形，你会发现它上下变化不定，这是在商品型企业中常有的现象。

（7）收益几乎完全仰赖管理阶层有效运用公司的资产，一旦公司的收益主要依赖公司运用资产的能力，譬如说工厂和设备，而不是依赖无形的专利、著作权以及商标，你就应该怀疑这家公司有可能是属于商品型的企业。

巴菲特警告说，如果价格是选购商品惟一考量的因素，那么你很可能就是和商品形态的企业交易，因此这家公司很可能长期所能提供给你的只是一般的利润。

Part

02

价值分析

Chapter *06*　从企业前途的角度来投资

在巴菲特看来，从企业前途的角度来投资是一种原则，可以说，投资股市的实质就是投资企业的发展前景。坚守这条原则，让别人的愚蠢行为成为你的经验，也就是说，别人由于恐惧和贪婪所犯的错误，会让你吸取教训，积累经验。

巴菲特的公司利润观

为了理解巴菲特从企业前途角度投资的观点，就必须理解巴菲特对于公司利润的独到见解。

他觉得公司利润与其在公司里的所有权成正比。因此，如果一个公司一股赚 5 美元，巴菲特拥有该公司 100 股，那么他就认为他赚了 500 美元（ $ 5×100 = $ 500）。

巴菲特相信公司面临两种选择：一是通过红利付出 500 美元，二是保留盈余进行再投资，从而提高公司的内在价值。巴菲特相信，通过一段时间，股票市场价格会由于公司内在价值的提高而提高。

巴菲特相信：如果一个公司能以较高的收益进行再投资，那么就应该保留所有盈利，因为这样可以使投资者与分得红利相比，获得更高的回报率。而且由于红利是作为个人收入纳税的，因此保存盈利还能获得税收优惠。

华尔街长期以来一直存在着一种偏见，那就是反对公司不付任何红利而保留全部盈利。这种偏见产生于 20 世纪早期。那时，人们普遍购买债券而不是股票作为投资。由于债券是由公司资产作担保的，当公司破产时，债券持有者可以优先受偿，因此投资者觉得很安全。另外，债券按季付息，如果投资者当季没有收到利息单，那么他就知道公司存在麻烦，从而作出应对决策。

尽管普通股的地位极大地提高，人们仍然有一种偏见，那就是定期收到利息单才算安心。不论是股票还是债券，华尔街的专家们都避免向不发放红利的公司投资，他们认为不发放红利是公司衰落的象征。

现在，证券投资家们将发放红利的公司定位较高，而将不发放红利的公司定位较低，即使公司不发放红利是正确选择也不例外。

在巴菲特的世界里，普通股也具有债券的特征，可付利息就是公司的纯收益。他用公司每股股票的净盈利除以每股

买价，计算出收益率。一种买价每股 10 美元，每年净盈利 2
美元的股票，其收益率为 20%。当然，这种计算必须假定公
司盈利的可预测性。在现实生活中，如果你想购买一种股
票，你必须清楚它每年能赚多少，它的卖价是多少。通过这
两个数字，只要简单相除就能计算出你对该项投资的报酬
率。巴菲特不管是购买整个企业还是购买企业的一股股票，
都是这样做的。记住：买价决定收益率。

看准投资对象的潜在价值

每当巴菲特看到一种股票时，他不仅仅看资产的静止现
象，而是将之作为一个有着独特动力和潜能的活生生的正在
运作的企业来看待。1963 年，投资于伯克希尔后一年，巴菲
特开始研究一种与以往所买股票都不相同的股票。它根本没
有工厂，也没有硬件资产。实际上，它最有价值的商品就是
它的名字。

美国捷运公司绝对是一个符合时代潮流的公司。美国已
经进入了太空时代，而且美国的人民都处在一种未来派的思
维格局之中，没有任何产品能像美国捷运那样恰当地代表着
现代生活的成就。由于乘飞机旅行已经在人们的经济承受范

围之内，所以中产阶级开始乘飞机到处旅行，旅行支票已经成了"通行证"。该公司有成千上万美元的票据在流通，像货币一样被人毫不迟疑地接受。到了1963年，有1000万公众持有美国捷运卡，这种卡只不过是5年前才引入的，而最初，公众还都觉得有必要带着现金去旅游。《时代周刊》宣告，"无现金的社会"已经到来。一场革命即将开始，而美国捷运正是这场革命的引航者。

结果出现了麻烦，在公司的一个遥远而微不足道的领地，灾难降临到美国捷运公司新泽西巴约纳的一家仓库。

这个仓库在一场毫无吸引力的平凡交易过程中，接收了一批罐装菜油。这批货物是由庞大的联合原油精炼公司提供的，仓库给联合公司开出了收据作为这批所谓的色拉油的凭证，联合公司用此收据作为抵押来取得贷款。后来，联合公司宣告破产了。债权人抓住公司的抵押品不放。这时候，即1963年11月，美国捷运发现了问题：进一步的调查发现油罐中只装有少量的菜油。里面装的一部分是海水，简单地说，就是仓库蒙受了巨大的欺骗，其损失估计达1.5亿美元。

由谁来承担这项损失呢？联合公司首当其冲，但是它已经破产了。美国捷运的附属机构也已登记破产。美国捷运自己是否有责任还不能确定，但是总裁霍华德·克拉克深深地领悟到对于一个大名登记在旅行支票上的公司而言，公众的信任高于一切。克拉克承担了这一份债务。

换句话说，母公司将面对各种索赔，而且将承担没有法律依据的索赔，潜在的损失是巨大的，实际上，它已经"资不抵债"。

1963 年 11 月 22 日，有消息传出公司的股票从以前的每股 60 美元跌到了每股 56.5 美元，当股市在肯尼迪遇刺之后重新开市时，美国捷运的股价跌落到每股 49.5 美元。甚至有消息说它面临着无力偿付的风险。

当事件还没有发展到这一步时，巴菲特专门到奥马哈罗斯的牛排屋拜访了一次。这天晚上，巴菲特所感兴趣的并不是顾客们吃的牛排，也不是他们的衣服帽子，他自己跑到收款机后面，一边和店主闲聊，一边观察着。他观察到这样的事实：不论是不是谣言四传，罗斯店的顾客们还是继续使用美国捷运卡来付餐费。从这一点他推断出，同样的情形也会发生在圣路易斯或是芝加哥乃至伯明翰的牛排屋中。

然后他来到奥马哈的银行和旅行社，在那儿，他发现人们仍旧用旅行者支票来做日常的生意。他还拜访了出售美国捷运汇票的超级市场和药店，最后他和美国捷运的竞争者进行了交谈。他的一番调查得出了两个结论，与公众的观点大相径庭：

（1）美国捷运并没有走下坡路；

（2）美国捷运的商标是世界畅行标志之一。

美国捷运并没有本杰明·格雷厄姆的感觉里所说的那种安全程度，因而它也不可能得到格雷厄姆的投资。格雷厄姆的经典信条非常清楚，购买一种股票必须以"来自于统计数据的简单而明确的数字论证"为基础，换句话说，就是要以运营资金、厂房和设备以及其他有形资产等一堆可以被测度的数据为基础。

但是巴菲特看到了一种逃避格雷厄姆视线的资产——美国捷运这个名字的特许权价值。特许权意味着独占市场的权利。卡迪纳尔拥有在圣路易斯的垄球特许权，因此没有其他的队伍可以申请加入。美国捷运就几乎是这样的，在全国范围内，它拥有旅行支票市场80%的份额，还在付费卡上拥有主要的股份。巴菲特认为，没有任何东西动摇过它的地位，也不可能有什么能动摇它。它的顾客群所具有的忠实性是无法从格雷厄姆那种"简单的统计数据"中推断出来的，它不像有形资产那样会出现在公司的资产负债表上，比如伯克希尔的工厂等等，然而这种特许权确实含有价值——在巴菲特看来，这是一种巨大的价值，美国捷运在过去的10年中赚到了丰厚的利润，不管菜油是不是真的，它的顾客并没有走开；股票市场对这个公司的标价却是基于这样一个观点，即它的顾客已经抛弃了它。

1964 年初，美国捷运的股价跌至每股 35 美元，华尔街的证券商如同在唱诗班里一样哼着同样一个调子，一齐高唱着"卖!"而巴菲特决定去买。他将自己的 1/4 资产投入到这种股票上，这种股票可能背负着一种未知的或者潜在的债务。如果判断错了，他辛苦积累的财富和声誉将化为灰烬。

克拉克，美国捷运的总裁，向仓库的债权人提供了 6000 万美元，但他遭到了股东们的起诉，他们声称克拉克把他们的资产"浪费"在一种似是而非的道德义务上。

巴菲特不同意这种观点，他前去拜访克拉克，自称是一位好的股东。"巴菲特买了我们的股票，"克拉克回忆道，"任何在那种时候买进的人都是我们真正的伙伴。"

当巴菲特告诉克拉克说自己支持他时，一位美国捷运的律师问他是否愿意提供证词。巴菲特来到了法院，告诉股东们，他们不该起诉克拉克，而应该感谢他，因为他正努力不让这件事缠上他们。后来，巴菲特解释说：就我所关心的而言，那 6000 万是他们寄给股东们的红利，但在邮寄途中丢失了。

尽管诉讼还在缓慢地进行着，但股价已经开始回升，然而巴菲特没有沿袭本·格雷厄姆的模式，马上抛售股票以实现利润。巴菲特喜欢克拉克，而且喜欢其公司的产品，因此他逐渐增加了投资。

了解投资对象的管理情况

一般说来，是管理才能的大小而不是衰微的企业造成了企业收效悬殊的差距。但巴菲特，对此看法更为深刻，他经常用船长的比喻来说明这个问题：如果你有两个船长，其中一个比另一个有经验得多，在一次比赛中，你给那个更有经验的人一艘橡皮艇，而给另一个人一艘赛艇，你觉得谁会赢呢？如果企业内在的经济情况不好，经理人员再优秀也无济于事。

对于一个经营状况非常好的企业来讲，情况也是如此。因为即使对一个非常愚蠢的经理来说，要想把一个优秀企业的经济状况弄糟，也不是件容易的事。巴菲特曾经说过，他只对那些内在经济状况如此之好以至于即使是傻瓜也能将其经营得很好的企业感兴趣，从而愿意向这些企业投资。

所以，投资者们在考虑要不要向一个企业投资时，首先应看它的经济状况，而不是其经理人员。但正是像一句谚语所说：经理人员不仅要求勤奋和聪明，而且也必须诚实，因为如果不诚实，那么前两个品质——勤奋和聪明——就会蒙骗你。

诚实也许是经理人员最重要的品质。诚实的经理会像对待自己的财产一样来运用公司的财产，因而就不会浪费股东们的资金。成功投资的一个关键因素就在于，经理人员的出发点与巴菲特等投资者的出发点一样，即从企业前途角度考虑。

作为一名具有主人翁意识的经理人员，应有下列比较明显的才能：

（1）有效率地分配资金；

（2）尽可能多地保留权益收益；

（3）如果没有其他合适的投资机会，就可以分发权益收益，或者用其回购公司股票。

巴菲特相信，能显示经理人员的良好意图的一个基本特征就在于：当回购股票有利时，经理人员就利用多余的留存收益购买本公司的股票。

当公司回购股票的价格可以使公司获得高于其他投资的收益时，这对那些仍持有本公司股票的股东来讲就是件好事。因为他们的份额越来越大，而他们却什么也不必做。这听起来非常吸引人。

让我们看一看大都会公司的经理人员的情况，来弄清楚这个问题。

从 1989 年到 1992 年，该公司的经理人员花了大约 4 亿美元，购回了本公司 100 万股股票。他这样做的理由在于：由于大都会公司是个大的广播公司，它必须投资于自己了解的行业——在这种情况下，就是广播业。

当时的问题是，那段时间内私人市场上广播公司的股价都非常高，而公共市场（即股票市场）上公司的股价与私人市场的非公开交易相比要低得多。该公司的经理人员发现本公司的股票价格与在私人市场相比要低得多，于是他们就买回了本公司的股票，这比购买那些私人持有的股票要划算得多。这一举动增加了那些仍持有股票的股东们的财富。

你需要诚实的经理人员，只有这样他们才能以增加股东财富为目标，而不是去追求办公大楼的气派。

20 世纪二三十年代华尔街德高望重的专家伯纳德·巴鲁奇在列出其投资标准时曾经说过："最重要的就是经理人员的品格和才能。我宁愿要少的钱和好的经理人员，而不愿意要多的钱和差的经理人员，因为差的经理人员会毁掉好的前途。在评价企业未来发展的前景时，经理人员的素质至关重要。"

经理人员对你的资金具有绝对的控制权，如果你不喜欢经理人员所做的事情，你可以通过选举新的经理来替换他，或者卖掉你所持有的股票，这就是平日所说的"用脚投票"。

两种最值得投资的公司

在商业国际化和竞争日趋激烈之时，只有那些能够满足消费者需求的公司，才能继续生存。

在时代的进步下，以前长达10年以上的无能公司淘汰过程，今日只需要一年的时间即可见效。因此未来15年里我们不但会看到跟不上时代潮流的公司被淘汰，而且我们将会看到前所未有的淘汰速度。

对于投资人而言，这种市场改变是意义重大的。今日的投资人，如果不幸投资在管理不当或不尊重消费者的公司里，在经济开放的重击下，在还来不及找些时间坐下来阅读行业报告前，手上的股票早已血本无归。

在未来"有贡献者方能生存"的国际社会里，只有两种公司值得我们拿出血汗钱来作投资。

一是品牌公司。这是消费者因认同品牌，而不管怎样都会购买其产品的公司。

二是最高效率的公司。这是有关行业里，操作成本最低的公司。

品牌公司是消费者普遍认同的公司。可能是大家心里觉得这个品牌质地好，或只是感觉上比较喜欢用这个牌子。显然，可口可乐和百事可乐是两个最佳例子。

品牌公司使您不必担心有后来者以更高效率的方式操作，而把您推进商业历史的坟墓里。

而最高效率的公司是指在各自行业里操作成本最低的公司。比如百货业的沃尔玛公司、快餐业的麦当劳、家具零售业的 NFM 和珠宝零售业的波仙珠宝。

以前的社会，资金和技术都不流通，因此竞争者根据行业领导公司的例子去"如法炮制"的机会不大。

今日在资金、技术和紧接而来的人力自由流通协助之下，除非您能够建立起类似"品牌公司"的威力，否则不论您有什么市场或行业的创意，很快地就会被人模仿。那个时候，行业里的最终胜利者，不是创造那个概念的公司，而是操作效率最高、因而成本最低的那家公司。

比如，史密斯（Fred Smith）是创立全球首家隔天快邮公司的传奇性人物。但这个利用自己的飞机输送文件和包裹的概念并不能享有专利权，人人都能如法炮制，因此引发了好几家公司随后激烈竞争市场的现象。

美国百货业也是一个例子。今日的领导者是沃尔玛，其营业额超过排名第二的竞争者两倍。有人可能会误以为沃尔玛公司是第一家创立价值概念的公司。事实上，当沃尔玛公司成立的时候，美国境内已有好几家公司实行价值概念，而且规模已是它的上百倍了。但在接下来的 20 多年里，沃尔玛通过高效率的操作，成为行业里（全球）每平方米卖得最多、每个职员卖得最多、偷盗率最低、分行最多、营业额最高、盈利最大的百货公司。

　　所以说，如果能学巴菲特，看准这样的企业加以投资，何愁不赚呢？

Chapter 07　永远做价格合理的生意

　　巴菲特说，"只要企业的股东权益报酬率充满希望并令人满意，或管理者能胜任其职务而且诚实，同时市场价格也没有高估此企业"，那他"相当满足于长期持有任何证券"。如果股票市场确实过分高估某家企业，他就会将其股票卖出。此外，如果他需要现金以购买别家可能被过分低估或是有同样价值，但他更了解企业的股份，巴菲特将会出售价值公道或被低估的证券以变现。

报酬率的高低取决于买价

　　让我们先回答一个问题：

　　如果我愿意卖给你一个年底收到 1100 美元的权利，你最高愿意付多少钱在年初买下它？

　　如果你付我 1100 美元，而我在年底又付你 1100 美元，你在该年的投资报酬率等于零。

然而，如果你付我 1000 美元，取得在年底收到 1100 美元的权利，你的获利即为 100 美元，年报酬率为 10%。

现在你的下一个问题是，10% 的年报酬率与其他投资报酬率相比，是否是好的报酬率？为了做此决定，你该货比三家。你可能发现银行提供你 7% 的存款利息，这表示你借给银行 1000 美元，一年后你将得到 1070 美元。很明显地，10% 的报酬率高于 7%。

如果你比较许多不同的投资，仍发现 10% 的报酬率最高，你可以下此结论：我给你的报酬高于其他。

然后，回到我们的问题上，今天你愿意付出多少价钱，以取得年底回收 1100 美元的权利？如果你要求至少 10% 的报酬率，最高价格你只应该付 1000 美元。如果你的价格提高，例如付出 1050 美元，你的获利将减少 50 美元，报酬率随之下降（ $50 \div 1050 = 4.7\%$ ）。如果你付出较低，如 950 美元，你的获利将是 150 美元，则报酬率上升（ $150 \div 950 = 15.7\%$ ）。由此可知，买价愈高报酬率愈低，买价愈低报酬率愈高。付的愈多获利愈少，付的愈少获利愈多。

巴菲特评估一个企业的价值时，其思考流程是，找出每股年盈余，并将这个盈余视为他的投资报酬率。

所以如果一个公司的每股盈余为 5 美元，股票市价为每股 25 美元，巴菲特的看法是，他的年投资报酬率为 20%

（＄5÷25＝20％）。而这5块钱可以配发给股东当作现金股利，或保留在公司内作为企业扩充及营运之用。

因此，如果你每股付出40美元，该股每年配发5美元股利，那么巴菲特计算投资该公司的投资报酬率为12.5%（＄5÷40＝12.5%）。以这个基础思考，一股市价10美元的股票，每年配发每股5美元股利，投资该公司的报酬率是50%（＄5÷10＝50%）。再一次证明：你付出的买价将决定投资报酬率的高低。

不管你打算持有你所投资的股票多长时间，有一点非常明确的是，扎实而且可预测的盈余是重要的考虑要素。如果购买一只每股25美元的股票，它最近一年的每股盈余是5美元（等于20%的投资报酬率），而如果下一年度公司不配发任何盈余，那么你的年报酬率为零。巴菲特所要投资的公司是经济状况及管理阶层都扎实健全，并能创造可以合理推估的盈余。只有完全符合这些条件后，巴菲特才可预估该公司的未来投资报酬率及投资该公司的价值。

由上可知，巴菲特思考的基本方式不外乎两个方面。其一，你付出的买价决定投资报酬率；其二，你必须能合理地推算企业的未来盈余。

寻找低成本公司

近年来巴菲特对销售业低成本的公司产生了兴趣。其实这并不奇怪。巴菲特已购入多家以极低成本见称的公司，如报馆、珠宝店、家具店等，因此从中应该已经了解到它们在日后更趋开放的国际经济环境中，具有更大的发展潜能。

毕竟，购入行业的领导公司，并不表示能够确保永远的胜利。但如果购入的是行业里成本最低的公司，它抬头霸占市场，只是时间上的问题。原因很简单：没有人能够击败它。透明度、资讯自由流通、消费者变聪明这三大世界趋势，将会促成这些公司的成功。

巴菲特以前更强调他发现美国公司和产品在国际市场有着很大的吸引力，这是一个优势。

巴菲特说他曾错失购入一家类似公司的机会，他将不会重犯这个错误。实际上，他所指的这家公司是全球最大的沃尔玛百货公司（1997 年伯克希尔已开始购入）。

运作成本不高的 The Gap 服装店也已在日本扩展，成为深受日本人欢迎的品牌。巴菲特 1997 年也买入了一些它的股票。

低成本公司的威力，从伯克希尔所投资的几家公司的例子即可看得出来。

美国家具销售业里，除了伯克希尔以外，成本最低的是
Levitz，其操作成本是营业额的40%，所以它能够收取45%
的价格差。换言之，顾客每买100元的家具，其中55元是这
家店的家具成本。不要忘了，这是除伯克希尔以外全美国成
本最低的家具店。

白沙属下的NFM，操作成本只有15%，这使之能够只收
取以上那家最低成本的竞争者的一半价格差别，来吸引顾客
群。换言之，光顾NFM的美国消费者，每买100元的东西，
和其他地方的最低价相比，就已经节省了20元。

试想，当你的操作成本是最佳竞争者的一半时，时间将
会是你最好的朋友。只要继续保持这个优势，绝对没人能够
击败你。

另外两个例子是波仙珠宝店和伯克希尔已开始购买股票
的沃尔玛百货公司。前者的操作成本是营业额的18%，后者
是15%。全美最大的电器连锁公司的相关比率是25%，而全
美最大的家具连锁公司的是40%。

销售业的情形是，当你成本最低时，你就可以卖得便宜
些，吸引到更多顾客，进而提高销售量。这使你能提供更多
种类的选择、更便宜的价格、吸引到更多的消费者，如此良
性循环，永无止境，迈向成功。

最理想的买进价位

在 1988 年巴菲特第一次购买可口可乐股票的时候，人们问他："可口可乐公司的价值在哪里？"公司的价值是它有市场平均值 15 倍的盈余和 12 倍的现金流量，以及 30% 到 50% 的市场溢价。巴菲特为一个只有 6.6% 净盈余报酬的企业，付出 5 倍于账面的价格，原因是有可口可乐的经济商誉作保证，所以他非常乐意投资。小额投资，公司可以赚到 31% 的股东权益报酬率。当然巴菲特曾经解释价格与价值并没有太大的关系。犹如其他公司，可口可乐公司的价值主要是取决于企业生存期间现金流量的预估值，以适当的贴现率折算成现值。

1988 年，可口可乐公司的股东盈余（净现金流量）是 8.28 亿美元，30 年期的美国政府公债（无风险利率）利率，大约是 9%。如果在 1988 年可口可乐公司的股东盈余，以 9% 的贴现率（巴菲特不会在贴现率中加入风险溢酬）折现，可口可乐的价值在当时是 92 亿美元。当巴菲特购买可口可乐的时候，公司的市场价值是 148 亿美元，巴菲特可能花了太多钱买这家公司，但是 92 亿美元是可口可乐公司目前股东盈余的折现价值。因为市场上的其他人乐意付上比可口可乐公司实质价值（实质价值 92 亿美元）更高的 60% 代价来购买它，显示买主将它未来成长的机会也视为价值的一部分。

当公司不需要额外的资金就能增加股东盈余，主要是利用无风险报酬率和股东盈余成长率相减得出的差来增加利润。分析可口可乐公司，我们可以发现从 1981 年到 1988 年，股东盈余每年以 17.8% 的成长率成长——比无风险报酬率还要快。当这种情形发生时，分析师使用二阶段折现模型（two–stage discount model）。当一家公司在某几年有特殊的表现，并长期以较稳定的比例成长时，此模型就适合用来计算未来的盈余。

我们使用一阶段的流程，来计算 1988 年公司的现值，及其未来现金的流量。1988 年，可口可乐公司的股东盈余是 8.28 亿美元。如果我们假设可口可乐公司在未来 10 年内能够以每年度 15% 的比例增加股东盈余（这是合理的假设，因为这个比例比公司前 7 年的平均值还低），第 10 年度股东盈余将会等于 33.49 亿美元。让我们更进一步地假设在第 11 年度刚开始时，成长率将会减少到每年 5%，使用 9% 的贴现率（那时的长期债券利率），我们能计算可口可乐公司的实质价值在 1988 年为 483.77 亿美元。

我们能假设不同的成长率重复这项计算。假设可口可乐公司的股东盈余在未来 10 年的成长率为 12% 之后，则每年以 5% 成长，以 9% 的贴现率计算公司现值为 381.63 亿美元。若在未来 10 年是以 10% 的比例成长，以后都以 5% 的比例成长，可口可乐的价值将会是 324.97 亿美元。而且如果我们假设所有的成长率皆为 5%，公司至少仍值 207 亿美元。

1988 年 6 月，可口可乐公司的价格大约是每股 10 美元。之后的 10 个月内，巴菲特已取得 9340 万股，总计投资 10.23 亿美元，他的平均成本是每股 10.96 美元，到了 1989 年底，可口可乐占伯克希尔普通股投资组合的 35%，这是一个相当大胆的举动。

从 1980 年葛苏达控制可口可乐公司开始，公司的股价每年都在增加。在巴菲特购买他的第一张可口可乐公司股票的前五年中，可口可乐股票的股价每年上涨 18%。该公司的经济状况非常好，所以巴菲特无法以较低的价格买到可口可乐公司的股票。在这段时间，史坦普工业指数也在上扬。可口可乐公司及股票市场都没有机会让他以低廉的价格购得股票，但巴菲特仍然依市价购买。他再次说明股价与价值之间是没有什么关系的。

在 1988 年和 1989 年巴菲特购买可口可乐期间，可口可乐在股票市场上的平均价值为 151 亿美元。但是巴菲特估计，可口可乐公司的实值大约是从 207 亿美元（假设股东盈余以 5% 的比例成长）、324 亿美元（假设股东盈余以 10% 的比例成长）、381 亿美元（假设股东盈余以 12% 的比例成长），到 483 亿美元。

低价买进，这个"低价"是相比较于实质价值而言的。在价格远远低于其实质价值时，巴菲特就会毫不犹豫地买进。

Chapter 08　最值得投资的行业和企业

巴菲特说：

"投资企业，是购买它的未来。"

"你应当投资于一家甚至连傻子都可以经营的企业，因为有朝一日，可能真会有傻子这么做的。因此我喜欢那种根本不需要管理仍能赚大钱的行业，它们才是我喜欢从事的那种行业。"

行业素质比什么都重要

投资股票，其实就是"购买未来"。

对于一家上市公司而言，过去的辉煌事迹和今日的妥善经营，虽是好事，但都已反映在今日的股价上了。因此，对于投资人而言，能否为自己赚钱的，是未来的成绩。巴菲特也曾说过，真正决定投资成败的，是公司未来的表现。

试想，如果投资成败决定于过去和今日，那任何人都能投资致富，根本不需要很强的分析能力，因为过去和今日的业绩都是公共消息，人人都知道的。

就因为投资成绩是由未来而定，所以巴菲特认为，行业的性质，比经理人的素质更重要。毕竟，人心莫测，经理人可以"变质"，但整体行业情形一般就不会那么容易改变。

每一个经济体系里的各种行业，都有着不同程度的竞争情形。有些行业很容易进入，因此竞争异常激烈，另一些行业则因消费者注重品牌等因素，而使得整个行业年年获利良好。

比如，巴菲特说过，从第一家民航公司算起，几十年来，整个民航事业，是没有半点行业收益的。自从巴菲特 20 世纪 80 年代投资美国主要民航公司之一的 USAir 没取得盈利之后（伯克希尔的投资标准是，就算是没有亏掉本钱，只要是没有可观的利润，也是一种失败），他开玩笑说，他设立了一个类似美国戒烟者和戒酒者每次忍不住就可以打进去取得咨询的电话号码，以便每次他突然想要投资民航公司时，可以打进去寻求咨询。

巴菲特说，一些行业，竞争是非常激烈的，比如超级市场就是一个例子。而另一些则没有这么激烈的竞争。我们身为消费者也可以亲眼看到，超级市场价格竞争激烈，经理人必须时常关注对手的削价情形，以做出对策。比如世界最大的百货连锁公司沃尔玛的创办人沃尔顿先生，他在世时就是天天都到主要对手 Kmart 的好几家分店去参观。据他所说，目的就是要看看，到底为什么还有人会来这里购物。历史上有很多零售连锁商，开始时赚大钱快速发展，但最终还是渐渐退步，直到倒闭。

巴菲特说，他敢叫最呆板的表弟去管理类似可口可乐的公司，10 年过后，公司还是好好的。但如果叫这位表弟去管理超级市场，却等于是企业快速自杀。巴菲特认为，在零售业里，缓行等于失败。

巴菲特也曾说过，选购公司的时候，应该选那些即使是傻瓜也能够管理的公司。因为，迟早，某个傻瓜准会爬上去主管这家公司的。

"产品公司" 与 "消费垄断" 的公司

巴菲特把市场上的众多公司分成两大类。第一类是我们应该尽量避免的"产品公司"。第二类是我们应该选购的"消费垄断"的公司。

"产品公司"是那些消费者很难区分竞争者产品的公司。几十年前，这些公司包括了银、铜、大麦、石油等产品。但今日，就连电脑硬件、银行服务、民航服务、保险产品等，都成了产品公司。这些公司的特点是每个竞争者为了争取生意，都必须从价格和素质方面竞争，两者对公司收益都不利。巴菲特说通常这些公司为了吸引顾客，都会拼命打广告，希望能在顾客脑海里建立起和其他竞争者不同的形象，但往往都是白费心思，徒增开销而已。产品公司在市场好时，收益已不算多，一旦遇上经济不景气，大家竞相削价求存，导致人人都面临亏钱的困境。这是我们应该尽量避免投资的公司。

"消费垄断"的公司，就是那些在消费者脑海里，已经建立起了一种"与众不同"形象的公司。巴菲特一直都认为可口可乐是世界上最佳的"消费垄断"公司例子，因此我们在此拿汽水例子来谈。

世界最大的百货连锁公司沃尔玛在美国和英国的消费市场里都已证明了，消费者在不看品牌的情形下，的确是没法认出哪一杯汽水是可口可乐、百事可乐，哪一杯又是它自己品牌的 Sam's Choice。

结果，几年前沃尔玛公司就毅然推出它的可乐品牌，放在几千家的分店外面，和可口可乐、百事可乐的自动售卖机排在一起卖。Sam's Choice 不但占据最接近入口的优势，而且售价也只是百事可乐和可口可乐的一半。尽管如此，它还是不敌这两个世界名牌汽水的市场占有率，而只是吃进其他无名品牌汽水的市场而已。

试想，就连无法分辨出来的产品，也能够吸引顾客以高一倍的价格购买，这就是"消费垄断"公司的威力。换言之，在市场上，它们并没有"垄断"，因为还有很多的竞争者来争生意，但在顾客群体的脑海里，它们早已是"垄断"的公司了。

巴菲特常常在买下一家公司股份时，先这么问自己："如果我投资几十亿美元开办新公司和这家公司竞争，而且又可以聘请全美国最佳的经理人，我能够吃进它的市场吗？如果不能，这家公司的确不错。"巴菲特更深一层次的问题是："如果我要投资几十亿美元。请来全国最佳经理人，而且又宁可亏钱争市场的话，我能够吃进它的市场吗？"如果答案还是不能的话，这就是一家很优秀的公司，非常值得投资。

不要投资生产工业产品的公司

巴菲特所投资的公司，主要可以分成两大类。

第一类就是消费垄断的公司。

第二类是那些在各自的销售行业里，操作成本为最低的公司。

以上两大类，都是对准消费者而来的。

为什么巴菲特不愿意投资工业公司呢？

巴菲特避开工业产品公司的道理很简单。工业公司的顾客群不是消费者，而是其他的公司。这些公司不会像消费者那样对品牌产品日久生情、变得情有独钟的现象。反之，它们完全是以价格和品质来作采购标准的。因此对于投资人而言，形成了不但很难注意多个行业里的动态，而且竞争更是激烈，导致盈利很小。一不小心，顾客就会转换供应商了。这不是顾客不讲人情，而是如果他们讲太多的人情、向你取更贵的货，他们就会被自己的行业竞争者击败而倒闭。

我们常看到，工业公司一不小心，就会被取代。更糟的是，工业公司的命运并不完全是由自己主宰的。劳工成本就是一个例子。所以我们看到了各种工业从发达国家移到发展中国家、接着转到落后国家的现象。

千万别投资电脑和网络公司

沃顿商学院毕业的彼得·林奇（Peter Lynch）是美国人公认最成功的基金经理，他曾说过他不敢投资电脑科技股，因为这行业不像零售业或旅馆业那样能看到竞争者慢慢吃进我们的市场。反之，一个年轻人能在家里地下室玩电脑没多久，便创造了更好的产品，一夜之间把你击败。

巴菲特也同样不敢投资电脑科技股。比较客气的说法是：他并不明白科技公司的行业情形。比较不客气的说法是：电脑科技日新月异、变化快速，你能看到 10 年后的情形吗？你能够确保 10 年后，你的公司还存在吗？就此，巴菲特对于电脑科技公司所抱持的态度，是和太空旅行一样的：我们很尊敬、支持和感谢这些伟大的人物，但我们却不想亲自去尝试。

在 1992 年至 2001 年美国股市持续飙升期间，最受股市推崇的就是电脑科技公司，尤其是网络公司。比如刚上市没几年的 Yahoo 和 Amazon 从未看到收益，只凭美丽的梦幻吸引无知的散户。前者是全球最大的网址搜索引擎公司之一，后者则是全球最大的网上书店。这两家公司自创立以来，长年亏损几千万美元，但它们的市价却分别是 234 亿和 170 亿美元。值得一提的是，此市价是它们营业额（不是收益！）的 140 倍和 35 倍。

巴菲特对于这些从未有收益的网络公司很不客气，在伯克希尔股东大会期间，接受传媒访问的时候，他说："如果今天我是在教大学投资课程的话，我会在期终考试的时候，问学生这个问题：请问你如何为这些（年年亏钱的）网络公司定价?"任何提供答案的学生，他会当场判下不及格!

在一次股东大会上，他说得更直接："如果你花钱买入这些网络公司的股票，你并不是在投资。"

毕竟，投资的定义是，先要"保值"、不亏本金，其次才是"增值"。

把钱投进那些自从创立以来或自从上市以来，都在亏大钱的公司，巴菲特不但完全没有兴趣，也一直努力劝告亲朋尽快抛售，以避开他所谓的"20 世纪最大的骗局"——网络公司的股票。

这种"投资"抱有"至少先要保住本金，然后才来追求获利"的态度，是伯克希尔、巴菲特和伯克希尔股东们的一大特征。

巴菲特始终觉得，把血汗钱交给一家公司，是投资人和公司的精神结合。只有彼此的结合，才会带来令人满意的成果。精神上的冲突，只会带来痛苦。

越好做的生意越简单

基金经理彼得·林奇曾说过，如果投资人在 30 秒里说不出他们所投资的公司是做什么的，那他们就很难投资成功。

巴菲特的投资哲学也是一样，专门找那些行业情形最容易明白的来投资。

很多投资人对难懂的行业最有兴趣，反而是对普普通通的生意没有感觉。毕竟，人人都懂的公司，缺乏了一种挑战性。尤其对男性，这是一种征服感、一种追求超人一等的感觉。比如今日全球各地都在激发投资人兴趣的电脑科技股，就是一大例子。试想：如果您想靠买对股票而能在人前炫耀，您会选可口可乐、麦当劳、迪士尼，还是几家没人知道是在干什么的科技股？当然是后者，因为它提供了"人人不知惟我独醒"的炫耀机会。

巴菲特可不是这种投资人。他投资的目的主要是赚钱，绝对不是为了炫耀。

为了赚钱，他选择了一个很明显的途径：选购那些非常简单的行业和公司，简单到无聊，简单到其他投资人都发闷而不想持有的股票，比如可口可乐、迪士尼、沃尔玛公司、吉列刮胡刀公司、万国宝通、《华盛顿邮报》等公司。"闷"和"刺激"投资法，谁才能发财，却是不言而喻的。

巴菲特说，他的成功秘诀很简单，专门挑选那些一尺高的栏杆，跨过去，而不是专找那些七尺高的栏杆，尝试跳过去。

　　伯克希尔公司的副董事长查理·蒙格也曾说过，投资不像跳水比赛，尽管您尝试买入很难懂的公司，即使买对了，也不会获得像跳水那样的高难度动作而赢取的额外分数。

Chapter *09*　从弹珠生意到评估企业的角度

巴菲特评估企业的方法，简单地说就是以适当的价格拥有正确的行业。

年轻巴菲特的弹珠生意

巴菲特在小时候就立志要做美国最有钱的人，他 17 岁的时候就决定要开一家公司。

年轻的巴菲特想要开一家公司，赚更多的钱。他知道如果他要获取复利的好处，越早开始越好。

经过一番搜寻之后，他发现一台老旧但可使用的弹珠台，并以 35 美元的代价买了下来。现在他有了生意上第一项资产，且必须把它放在人多的地方，弹子房的人说已经有了四台，不想再要，以免客人被巴菲特抢走。在明白弹子房在弹珠台经营上有某种程度的垄断时，巴菲特觉得很沮丧。就像他们在零售业中所说的："地点！地点！地点！"

但是，年轻的巴菲特突然发现弹子房附设了一位理发师，名叫沙琪。于是巴菲特去沙琪的理发店拜访，他发现沙琪没有弹珠台，而弹子房都需要他去帮人理发。

此刻巴菲特开始进行他第一次的合资。他答应沙琪如果让他把弹珠台放在店里，沙琪可以分到弹珠台收入的20%。沙琪一向对赚钱非常敏锐，于是答应巴菲特加入他的公司。第二天，年轻的巴菲特又去理发店，发现弹珠台里有10块钱，他拿出20%给沙琪（2美元），自己留下80%（8美元）。走出理发店，巴菲特觉得这将会是一种非常有利润的投资。

如果巴菲特的弹珠台生意接下来一整年每天替他赚进8美元，巴菲特又和沙琪订下10年的独家租约，10年之后房子就要拆了，那么巴菲特的生意现在值多少钱？

答案并不清楚。让我们先来看看这个生意的经济因素。首先巴菲特的现金和资产总数是43美元，没有负债，所以他的资产负债表，也就是会计师所做的企业在某一天的财务状况。

让我们看看巴菲特弹珠台生意损益表。

现金的资产是8美元，动产是弹珠台一台，值35美元，没有负债。实收资本是原先投资的钱，也就是购买弹珠台的35美元。保留盈余是第一天的收入8美元。股东的股本是实收资本加上保留盈余一共是 43 美元（＄35 ＋ ＄8 ＝ ＄43）。

收入明细表可以显示企业在某一段时间之内的获利情况。以巴菲特来说，公司第一天的收入明细如下：

收入：＄10.00

支出：－＄2.00

所得：＄8.00

收入是第一天所赚得的钱 10 美元，支出是付给沙琪的 2 美元，所得就是巴菲特放入口袋中的钱 8 美元。

弹珠生意值多少钱

我们可以从损益表中看到公司净值 43 美元，他会以公司的净值 43 美元卖掉吗？

不会的，因为巴菲特相信未来 10 年它每天会为自己赚进 8 美元。所以巴菲特的公司值多少钱？沙琪的店一年 365 天都开着，把一天赚的 8 美元乘以 365，一年可以得到 2920 美元的收益。这是不错的回报。

那么，巴菲特的生意究竟值多少钱？

他的弹珠台生意一年赚 2920 美元，他希望继续做 10 年，所以实际上，他的公司在未来的 10 年当中，每年会赚进

2920 美元，同时他也认为，他的公司现在就值未来 10 年之内每年赚进的 2920 美元。什么是现值呢？现值也就是现在的价值。年轻的巴菲特开始考虑折现，以及比较每年收益复利的理论。

他想，如果每年会赚进 2920 美元，持续赚 10 年，那么在第 10 年，就可以得到总数 29200 美元，也就是说，如果把所赚的钱全部存下来的话，共赚了 29200 美元。

如果把这笔钱存下来，然后把它投资到货币基金市场，这个基金每个月付 8% 的利息，那么在第 10 年就会大约拥有 44516.86 美元。这笔钱在今天将会值多少？

如果利息是 8%，那么今天要投资多少金额，10 年后才会有 44516.86 美元？键入年数（N = 10），利息（8%），以及未来的价值（FV = 44516.86），然后按下运算的按钮，以及现在的价值（PV）的按键，于是得到 20619.92 美元。

这就表示如果投资了 20619.2 美元，在 10 年之中，每年的复利是 8%，如果你把所有的钱都存下来，连同利息，那么在第 10 年就可以得到 44516.86 美元。

这似乎是一项不错的投资，除了一件事，如果每年能够投资到有 10% 报酬的最高等级公司债券，就可以得到更好的收益。

这对我们的评估有什么影响呢？你想投资下去可以得到

8% 的收益还是 10% 呢？假设这两者有相同的风险，选择 10% 将会是你自己做的决定。

因此，如果你付出 20619.92 美元，可以计算出每年有 8% 的收益，如果希望达到 10% 的收益，就必须付出更少的钱。

所以不论对报酬的要求如何，都可以利用计算器算出，要获得该笔报酬所需投资的金额。投资以上金额，你就可以预估这家公司会比过去的纪录做的更成功。投资的金额愈少，得到的报酬愈多。

评估企业的角度

对投资者而言，他事先就知道要得到某种报酬，你必须先付出多少金额，这就是企业远景的角度，你了解公司的本质以及可能得到的报酬，而愿意付出一笔款项，以得到经济效益。

在股票市场上，每天都因为从企业远景角度的投资，以及人心的贪婪投机而使得个人公司中的部分利息，落到拍卖的命运。从企业远景的角度来看，大公司多寻求购买整个公司以增加营收；从投机的角度来看，许多个人的投资者，以及不少共同基金都是从乐观的期望和贪婪的角度出发。

证券卖出的价格，并不是这个公司价值的指标，有的时候这个公司真正的价值不止于此，有的时候，也可能没有这个价值。股票市场就是由人和一些公司或者是共同基金所组成，他们是由两股相反的力量在较劲，这种两极的态度，一个是从严谨的企业远景角度投资，一个则是从恐惧和贪婪的角度投资。

就是这种投机心理才会把证券推往巅峰，然后又因恐惧而掉落谷底。从企业远景角度来考量，才能够把巅峰以及谷底的股价拉回。纳贝斯科公司在 1988 年，是以每股 45 美元卖出，每股配息 5.92 美元，而且债务非常少。长久以来，它的营收成长非常快速，因为烟草的生意利润非常高，然而大众对这个公司的印象非常差，因为有不少的消费者因为自身的健康受到损害而控告它。于是它的股价就无法提升。

然而纳贝斯科公司的管理阶层，看到股价一直无法攀升，认为他们可以借到数十亿美元，来买下所有的股票，以完全控制公司。然后再用公司流通的现金，去偿还他们借来的数十亿美元。看到这个机会，管理阶层组成了一群投资者，尝试从华尔街的投资银行取得数十亿的贷款，这些由管理阶层组成的投资人，决定以 75 美元一股，买回所有发行的股票，也就是等于付出 170 亿美元买下整个公司。这有点像买下一栋商业大楼，把新的标的物产生的收益付给卖主，再把租金付给银行。

就纳贝斯科公司的例子而言，管理阶层所组成的投资人以买主的身份出现，买下整个公司，然后把它抵押，取得的款项付给原先的股东，再利用流动的现金付给银行。这个非常聪明的游戏之所以会成功，是因为投资大众受到恐惧因素的影响而超卖股票，使得股价下滑，而管理阶层所组成的投资者，知道这个公司从企业远景角度所具有的价值，于是紧紧捉住这个机会，把股票因恐惧而引发卖压的 45 美元一股，推升到从以企业远景角度考量的 75 美元一股。

事情原本进行得很顺利，不料中途杀出了借贷收购公司 KKP，他们认为这个公司的价值不止于此，于是取得一些银行的同意，以大约 280 亿美元的价格买下这家公司，后来 KKP 运用纳贝斯科公司的流动现金，再加上卖掉其他几家子公司的收益，付出了头款。现在这家公司已经开始转亏为盈，而且付清了大部分的债务（想像 KKP 这样的借贷收购公司所组成的投资人，他们找到了标的物，买下整座没有贷款的大楼，然后运用大楼的租金来付清银行的贷款，但是除了商业大楼之外，像 KKP 这样的公司会去寻找没有多少付债的标的物，或是股票市场低估的公司，然后买下它）。

格雷厄姆在 1951 年《证券分析》一书中写道：一般而

言，股票市场会低估正在诉讼的资产并高估负债。因此有心进入这些市场的人士，就有机会以低于它们真正价值的价格买进，而在诉讼标的物经过处分之后，获取极高的利润。

纳贝斯科公司是一个大众因恐惧而低估它的资产，又因恐惧而高估它的负债的一个标准的例子。这种例子造成股票卖空，然后从企业远景角度去看的人士，发现的价值，而愿意以远超过股票市场所评估的价格买下它。

请注意，这并不是说从企业远景角度来看，就不会受投机心态所影响，然后以过高的价格买下一项标的物。只要管理阶层被自我所蒙蔽，且想要扩充版图的贪念太强，就容易忽略企业远景角度的合理投资。

Chapter *10*　好的东西，　是越多越好

巴菲特深信："好的东西，是越多越好。"所以，如果我们遇上一家优秀的公司，最好当然是能够把整家企业买下来。

巴菲特投资的首要选择是寻找那些优秀且庞大的私人企业，等到老板想要卖出部分家产时，全盘买下。所以，如果谁拥有很优秀的私人企业，且规模庞大，每年至少有上亿美元盈利，又有兴趣出售的话，那他就买下来。但有一个条件：那就是经理人必须继续留任，因为伯克希尔不会插入新人去管理的。

但这种优秀的私人公司毕竟很罕见。巴菲特就此也转向股市里寻找同样优秀的挂牌公司。

在此，巴菲特觉得他就会扮演小股东的角色。因为他发现在股市中收购整家企业通常都会因多个收购者竞争而炒高价格，即使买到了也不合算，反而是等待"股市把股票交给你"才是投资的上上之策。

从他的投资经验中，他发现在股市里可以静悄悄地以小

股东身份购得平常收购价的半价股票。伯克希尔收购别家公司之后不会要求换人管理，反而是看中这些优秀经理人才买入的。所以，既然都是要争取到相同的股份利益，为什么还要花费双倍的价格去全盘收购人家呢？

最好的公司就是不需要增加投资的公司

巴菲特从第一家买入的公司（伯克希尔纺织厂）经验中学到一个很重要的教训：最好的公司是不需增加投资的公司。

巴菲特发现，很多企业虽然赚钱，但所赚到的盈利却是不停地投入公司里用来增添设备器材用的。这种企业，等到竞争力不够时，多年累积的盈利都要泡汤。

即使是永远能够保持竞争力，这种企业的投资报酬率不会使投资者致富。因为，这些公司的盈利虽然每年都在增加，但却是由资金的增加促成，就像银行定期存款里的利息（盈利），如果永远不将利息拿出来，那盈利每年都在增加，虽然利率没有改变。

真正能够使投资者致富的，是那些能够不停地增加企业盈利，但却不需要增加投资的公司。

伯克希尔早期所买入的私人公司都是这一类的公司，包括报馆、家具店、糖果店等。我们拿一个例子来清楚地说明巴菲特的经商精神。这个例子将会告诉我们巴菲特对投资活动里，现金观点的重要性。巴菲特称他对现金投资和报酬率的看法为"现金对现金"的投资法。

当年伯克希尔以5500万美元买下NFM家具店80%股份时（另外20%由创办人家族持有），它的常年营业额是1亿。也就是说，伯克希尔以55分买下80分的营业额。这和巴菲特所反对的电脑科技股今日以营业额百多倍价格交易的情形，形成对比。

但投资是购买未来，今日价格便宜并不能确保明日的胜利。且让我们继续算下去。

买入后的第一年，NFM就赚了1450万美元。这意味着伯克希尔的应得部分是1160万美元。这是超过21%的首年报酬率！这笔现金盈利NFM交给了伯克希尔，每年如此。

接下来的10年里，NFM的盈利每年增加，第10年的盈利（伯克希尔部分）是2154万美元。这是当年投资本金的39%，的确是很高的投资报酬率。或许有人会问，怎么可以拿10年前的投资本金来谈呢？不要忘了，NFM每年都把公司盈利交给巴菲特拿去投资，所以营业额和盈利的成长都不靠额外的资金。巴菲特发现近乎所有的大公司多年来盈利之所以增加，就是因为把盈利加入公司再投资。他说有些主管人员还不明理地炫耀说是在他们主管下营业额和盈利才增加了多少多少的。巴菲特认为这没有什么稀奇，在银行开一个储蓄户口，不要把利息拿出来，让它和本金一起滚，也能够达到相同的效果。

伯克希尔股东觉得可喜的是，以上 NFM 的优秀例子，并不是一个例外，而是伯克希尔属下很普遍的一个例子而已！

死后也要可口可乐陪葬

巴菲特认为，世界上最优秀的品牌公司，就是可口可乐公司。在世界各地不同国家和不同时间里展开的消费者调查报告显示，大半的品牌认知、品牌认同和素质认同的排名，都是可口可乐公司高居榜首。

这种占尽市场优势的情形，和麦当劳这家以汉堡包为主的快餐厅，在炸鸡、比萨、西裔食品等的快餐公司围攻之下，脱颖而出，占全球整个快餐业大半市场的优势，如出一辙。

可口可乐的优势在于：第一，它很专注于汽水市场，不

像百事可乐还牵涉到零食生意。第二，和百事可乐相同的
是，多次实验已经证明，没人可以分辨得出百事可乐、可口
可乐和一些其他类似味道的汽水，但消费者还是习惯于喝品
牌可乐。甚至世界最大的百货公司在它的几千家分店外面摆
设自己品牌的汽水，虽然消费者分不出味道，并有摆设地点
和半价出售的优势，还是攻不进可口可乐的市场。就是这种
"同产品、更贵价格"还能吸引消费者的现象，使可口可乐
成为投资人一大致富选择。今日的可口可乐是世界饮料市场
的领导者，在很多国家（包括美国国内市场），占了超过一
半的饮料市场份额。

可口可乐是一种非常"中产"的饮料。要成为中产阶级
的饮料其实不难，难的是成为上、中、下阶层都喜欢的品牌
饮料。

一个亿万富翁、一个百万富翁和一个工薪阶层人士，都
有自己心目中所喜爱的葡萄酒牌子。但可口可乐却完全没有
阶级之分，三种人都有能力像巴菲特那样一天喝好几罐的可
口可乐，同时也不用付出更高的价格来买"更高品质"的可
口可乐以炫耀身份。在这种情形之下，今日三种人都在喝可
口可乐的事实，不但是市场营销学者的经典案例，也是投资
人每年津津乐道的话题。

今日的可口可乐，虽然是品牌饮料市场的霸主，每一天

全球总共卖出10亿杯，但毕竟也只是全球饮料市场的2%而已。另外470亿杯的饮料（全球人口平均每人8杯）不但包括了其他品牌饮料（如百事可乐），也更包括了无品牌的饮料，包括我们午餐时所叫的苏打水、咖啡店和友人聊天时喝的咖啡、街边食摊的茶饮料、家里自己泡的三合一咖啡或凉茶等。

可口可乐公司把那庞大的470亿杯饮料视为目标，称自己每天卖10亿杯的惊人成就为"刚刚起步"。

其实，如果我们要看未来全球经济现象是怎样的，我们就应该看看今日那几个已经接近全面开放竞争的国家。因为这些国家没有阻止外国人进去竞争，因此在那里胜出的公司，就是全球经济大开放时的市场领导者。

伯克希尔股东觉得可喜的是，在今日已开放的国家里，可口可乐占据了最大的市场占有率。比如在美国，要把可口可乐的销售量加倍，就得要全部美国人都喝可口可乐，这是不可能的事。要人们在10年后每天喝今日两倍的饮料，也是很难想象的事，因为我们肠胃的容量和能力永远都是一样的。

真正的威力，来自那些发展中国家和落后国家。今日这些国家有些是阻止外国饮料入境、有些是百般刁难外国品牌的行销。更糟的还是这些国家人民的收入水平太低，无法天天喝可口可乐。那里，才是可口可乐未来的金矿。

巴菲特与可口可乐的交情，还在于他和可口可乐有着一段旧情缘。当他 6 岁时，夏天常到祖父的杂货店，买来 6 个罐装的可口可乐，共两毛五，然后向邻居小孩兜售，每罐卖五分钱。当时的小巴菲特觉得这生意本小利大，有"很大的收益空间"。

很可惜，巴菲特当时并没有把小孩子喜欢喝可口可乐的心态，转到买可口可乐股票的行动上。

一直到了 1988 年，当巴菲特终于看到可口可乐全球增长潜能和品牌的威力时，才大笔买入股票。针对此事，巴菲特评论说，从小时卖可口可乐到现在，经过了长达 52 年的时间他才明白，可口可乐最赚钱的是在那个糖浆上，而不是在销售生意里。

或许，巴菲特很迟买入可口可乐股票，是因为他之前对百事可乐的执著。巴菲特在买入可口可乐之前，是个百事可乐的忠实"饮迷"，每天喝下五六罐的百事可乐。

今天呢？当然，每天还照样喝五六罐的可乐，但已经不是百事可乐，而是可口可乐！

巴菲特常强调，他的投资和饮食偏好是一致的。

他说，当他死的时候，可口可乐公司将会额外卖出很多罐的汽水，因为他要大量的可口可乐和他陪葬！

两次买入迪士尼

很多散户常常问：股票卖多少钱才算"贵"，多少钱才算"便宜"呢？

这其实也是投资世界里关乎胜负的决定性问题。

毕竟，"低买高卖"就是投资致富的秘诀。

有些股民常爱说，"这股票以前是卖80元的，今天只卖12元，应该大笔买入，很便宜啦！"

一些则说，"这股票涨得太厉害了，200元不该买入，等它跌到40元以下才入货吧。"

巴菲特说，一张股票之"贵"或"便宜"，跟股价没有关系。一只2000元的股票有可能还算很便宜，但另一只仅卖3元的股票却可能是太贵了。

巴菲特喜欢提起20世纪60年代的迪士尼。当时，美国股市处于类似今日亚洲股市低迷的困境，人人"谈股色变"，好股坏股价格齐跌，皆无人问津。

当时的巴菲特发现了迪士尼集团这只好股。那时美国人都说迪士尼股票不便宜，但巴菲特买股是以整家公司来看的。每次买股时，他都会问自己："如果我可以买下整家公司，我愿意给多少钱？"把这笔庞大的数目，除以股票总数，就是他所愿意付出的每股价格了。

当时巴菲特就发现，整家迪士尼公司也只卖9000万美元，单单是一年的盈利已是2100万美元，而耗资1700万美元的海盗游缆车已建好即将开幕。从这个眼光看来，迪士尼股价就不贵。

不要忘了迪士尼旗下的各个子公司。今日我们都看到了，单单是《狮子王》的推出就已经为公司带来总共10亿美元的盈利，还未包括每隔几年就推出一次的《白雪公主》等卡通名片的原版、全球各地迪士尼卡通玩具的专利税、全球四个迪士尼乐园游乐场门票等，全部事业，都可以在20世纪60年代以9000万美元购得。

今日回想起来，尤其是当你和全家人在迪士尼世界游玩，当你在观赏《玩具总动员》、《虫虫特工队》的时候，你就会对迪士尼的品牌威力感到尊敬。巴菲特曾说过，家长没时间每部儿童电影都先去过滤才选适当的给孩子观赏。迪士尼也就成了家长的自然选择。

可惜的是，巴菲特于1966年买入迪士尼后，次年就把它卖掉，赚取54.8%的一年盈利。

幸好，买入优秀公司，绝不嫌迟。20世纪90年代，当伯克希尔手中的ABC电视公司和迪士尼公司合并时，巴菲特也重新看到了迪士尼的威力，除了合并拿到的迪士尼股票之外，也另外多买了不少。

迪士尼的一个强点是能拍摄卡通电影后，每隔几年又重新推出赚大钱，这对公司盈利是很重要的。

钟情于国际牛奶皇后（IDQ）

相信对美国比较了解的人对 International Dairy Queen（国际牛奶皇后，简称 IDQ）并不会感到陌生。这是美国很出名的快餐连锁店，在全球各地总共设有 6000 多家的特许经营分店。

1997 年，巴菲特毅然卖出将近所有的麦当劳股份，而收购了整家的 IDQ。

麦当劳是全球最大的快餐连锁公司，全球分店数目高达 3 万家，而且股东资金报酬率（ROE）在过去 10 年来也逼近 20%。麦当劳今日在美国的营业额，是排名第二、第三和第四的三家竞争者相加起来的营业额总和。在国际市场方面，麦当劳在一百多个国家里，占排名第一的地位。在全球的连锁快餐营业额中，麦当劳占了高达六成的销售量，是排名第二的竞争者的三倍。这种品牌的优势，使麦当劳在日渐年轻化的消费市场占尽优势。它在国际市场的增长率每年都是双位数。

再者，今日的麦当劳，每一天也只是在国际市场里提供服务于世界人口总数的百分之一而已。一整年里，平均每个人只是在麦当劳吃三餐而已。

那么，为什么巴菲特 1997 年又会卖掉麦当劳，买进IDQ 呢?

必须明白，麦当劳和 IDQ 虽然都是快速成长的快餐连锁店，但它们却有一个非常明显的差异。麦当劳除了让创业家特许开办餐厅，同时总公司本身也拥有不少的餐厅分店。这意味着麦当劳除了拥有那个饮食业本身的部分，同时也拥有不少的产业。

今日的企业，要想稳重但快速地赚钱，就必须避开拥有任何产业，而不是像传统古老思想的企业那样，强调必须拥有本身营业的建筑物。

简单地说，如果生意上的报酬率连产业增值都比不上，那最好去投资产业。如果生意报酬率超过产业增值，那就应该集中注意力于那个生意的运作部分，而不要拥有任何关联的产业。租用产业会更好。这对于思想传统的中国人是一大挑战，因为在过去十多年来的切身经验中大家都看到了，身边买股票的人，即使没有严重被"烧伤手"的，也没有那么惊人的产业增值。20 世纪 90 年代和 21 世纪 "要致富就要避开产业" 的投资原则，的确是只有理智和开明态度的投资人才会接受的。

Chapter *11*　投资企业需审视的 *3* 个因素

巴菲特说："当我们投资购买股票的时候，应该把自己当作是企业分析家，而不是市场分析家、证券分析家或宏观经济分析家。当然，我们并不知道如何解决有困难的企业所面临的问题，只是尽量避免投资这些有问题的企业。我们之所以能取得目前的成就，是因为我们关心的是寻找那些我们可以跨越的一英尺障碍，而不是去拥有什么能飞越七英尺障碍的能力。"

巴菲特认为，股票是个抽象的概念，他并不从市场理论、宏观经济思想或是局部趋势的角度来思考问题。相反，他的投资行为是与一家企业如何运营有关的。

巴菲特相信，如果人们不是被企业经营而是被某些肤浅的了解吸引到一场投资中去的话，他们更有可能在刚一看到某些不对或损失的苗头时就吓跑了。巴菲特与这些人不同，他总是集中精力尽可能多地了解企业的深层次因素。这些因素主要集中在以下三个方面：

1. 企业的业务是否简明易懂？

2. 企业经营历史是否始终如一？
3. 企业是否具有长期令人满意的前景？

业务简明易懂

巴菲特认为，投资者成功与否，与他是否真正了解这项投资的程度成正比。这一观点是区分企业导向和股市导向这两类投资人的一个重要特征。后者仅仅是购买了股票，打一枪换一个地方而已。

这些年来，巴菲特曾经拥有过类别广泛的企业：加油站、农具厂、纺织品公司、零售商、银行、保险公司、广告公司、铝材料和水泥公司、报纸、石油和矿产开采公司、食品饮料和烟草公司以及广播电视公司。这些企业中，有些是由巴菲特控股；而有些企业，巴菲特只是少数股东。不管处于何种股权地位，巴菲特都很了解这些企业是如何经营的，包括盈利、费用、现金流、劳工关系、价格的灵活性，以及公司的资本需要、分配与运用状况。

巴菲特之所以能够保持对所投资的企业有较高程度的了解，是因为他有意识地把自己的选择限制在他自己的理解力能够达到的范围内。

巴菲特忠告投资者："一定要在你自己能力允许的范围内投资。能力有多强并不重要，关键在于正确了解和评价自己的能力。"

有些专业人士认为，巴菲特给自己设置的这些限制，使他无法投资于那些收益潜力巨大的产业，比如高科技企业。巴菲特则认为，投资的成功并不在于你知道多少，而在于真正明确你到底不知道什么。"投资者只要能够避免大的错误，就很少再需要做其他事情了。"在巴菲特看来，超乎寻常的投资成就，往往只是通过普通的事情来获得的，关键是如何把这些普通的事情处理得异乎寻常的出色。

贯穿始终的经营历史

巴菲特并不只是避免分析上的复杂，他对企业经营业务也有明确的要求。巴菲特通常拒绝投资下面几类公司的股票：

1. 正在解决某些难题；
2. 由于以前的计划不成功而准备改变经营方向。

根据巴菲特的经验，那些多年来生产同样产品、提供同样服务的企业，往往有最好的投资回报。而那些正在转变经营业务的企业，则更有可能出现重大的经营失误。

巴菲特认为，剧烈的变革和丰厚的投资回报通常是不相容的。但绝大多数投资者却持相反的看法。最近，投资者争购那些正在进行公司重组的公司股票。巴菲特认为，出于无法解释的原因，这些投资者对这类公司未来的收益寄予厚望，却忽视了这类公司的现状和问题。

巴菲特从自己在企业经营和投资方面的经验教训中深深地体会到，经营方针的重大转变很少能真正起作用；以合理的价格购买优秀的企业和以便宜的价格购买有问题的企业相比较，前者更具增加投资收益的可能。巴菲特解释说："我们并不知道如何解决有困难的企业所面临的问题，只是尽量避免投资这些有问题的企业。我们之所以能取得目前的成就，是因为我们关心的是寻找那些我们可以跨越的一英尺障碍，而不是去拥有什么能飞越七英尺障碍的能力。"

令人满意的长期发展前景

根据巴菲特的观点，整个经济世界可划分为两个团体：有特许经营权的企业形成的小团体和一群普通的商业企业组成的大团体。后者中的大部分企业的股票是不值得购买的。

巴菲特把特许经营定义为：

一家公司提供的产品或服务：

（1）有市场需求甚至强烈的需求；

（2）没有比较接近的替代产品；

（3）没有受到政府管制。

这些特征允许特许经营型企业可以有规则地提高它们的产品或服务的价格，却不必担心失去市场份额。特许经营企业甚至可以在需求平稳、生产能力未充分利用的情况下提价。这种定价的灵活性是特许经营的一个重要特性，它使得投资可以得到超乎寻常的回报。特许经营企业另一个明显的特点则是拥有大量的经济商誉，可以更有效地抵抗通货膨胀的负面影响。

相反，普通的商业企业所提供的产品或服务与竞争对手往往大同小异，甚至雷同。几年前，普通的商品包括油料、汽油、化学品、小麦、铜、木材和橙汁。如今，计算机、汽车、空运服务、银行服务和保险也都成了典型的日用商品。尽管有巨大的广告预算，它们的产品或服务仍然与竞争对手没有实质的区别。

总的来说，普通商品企业通常是低回报率的企业，巴菲特称之为"盈利困难企业的主要候选者"。因为它们的产品与其他企业并无二致，因而只能在价格上竞争，结果严重削减了经营利润。普通商品企业增加利润的惟一办法就是指望出现供货紧张的情形。巴菲特认为，决定一家普通商品企业长期盈利能力的关键因素是"供应紧张相对供应宽松的年数比率"。这一比率往往是一分数。伯克希尔·哈撒韦控股公司下属的纺织分部最近经历了一次供应紧张时期，但用巴菲特的话来形容，这次供应紧张只持续了"清晨最好的那部分时间"。

巴菲特分析完公司的经营特征后，接下来评判它的相对竞争优势和弱点。他强调说："我所看重的是公司的盈利能力，这种盈利能力是我所了解并认为可以保持的。"

特许经营通常会形成盈利优势。优势之一表现在可以自由涨价从而获得较高的盈利率。另一点则是在经济不景气时，比较容易生存下来并保持活力。巴菲特认为，持有一家即使犯了错误，利润仍能超过平均水平的企业的股票是很舒服的。"特许经营企业可以容忍管理失误。无能的管理者可能会减少它的盈利能力，但不会造成致命的损失。"

特许经营一个主要的弱点是价值容易降低。成功显然会吸引新的进入者和替代产品，产品之间的区别也会逐步缩小。在竞争期间，强势特许经营会逐渐退化为巴菲特所说的"弱势特许经营"，而后变成"强大的企业"。一度曾经很成功的特许经营企业最终可能减弱为一般的商业企业。

当这些情形发生时，优秀管理者的价值和重要性呈指数递增。

一个特许经营企业可以忍受无能的管理而继续生存，而一家普通的企业则不能。

Chapter 12　考察企业管理者的三大准则

巴菲特考虑购买一家企业时，总是仔细考察该企业的管理者。巴菲特所购买的企业必须是由诚实、有能力并且令他欣赏和信任的管理者领导的。巴菲特对有意收购或投资的企业管理的考察主要包括以下几个方面。

管理者的行为是否理性

对股东来说，最重要的管理行为是公司资金的分配。因为从长远来看，资金分配决定了股东投资的价值。巴菲特认为，如何分配公司盈利——继续投资还是分配给股东是一个逻辑和理性的问题。

如何分配公司盈利，与公司处于生命周期的哪一阶段有关。当一家公司沿自己的经济生命周期向前发展时，它的成长速度、销售收入、利润和现金流都会发生戏剧性的变化。在第一阶段，即初始发展阶段，公司因为开发产品和占有市场，支出大于收入。在第二阶段，即迅速成长阶段，公司盈利能力增强，但内部产生的现金仍无法支持公司快速发展对资金投入的需求。此时，公司不仅要保留所有的盈利，还要通过借债或发行股票来筹集发展资金。

而第三阶段，即成熟阶段，公司发展速度开始减慢，产生超过扩展和经营所需要的现金。最后一个阶段，即衰退阶段。公司开始体验到销售和利润同时下降，但仍能产生多余的现金。如何分配利润这一问题突出体现在企业成长的第三、四阶段，特别是第三阶段。

如果多余的现金用于再投资的收益率超过公司股权资本成本，即公司股东要求的收益率，则公司应保留所有的利润进行再投资。另一方面，如果再投资收益率低于资本成本，则保留盈利进行再投资就是不合理的行为。如果一公司产出的现金超过内部投资与维持经营对资金的需求，但继续在本公司业务上投资，只能获得平均水平甚至低于平均水平的投资回报率，那么这家公司的管理者在利润分配时面临三种选择：

（1）再投资于公司现有业务上；

（2）购买成长型企业；

（3）分配给股东。

正是在这一决策的十字路口，巴菲特才尤其关注企业管理者的行为。因为在这里，才能真正体现出公司管理者的行为是否理性。

总的来说，那些不顾再投资收益率会低于平均水平，仍然继续投资的管理者，往往认为低回报率的情况只是暂时现象。他们相信，凭着管理层的才能，可以提高公司盈利能力。如果一家公司多次忽视低投资回报率问题，执意将多余现金进行再投资，那么该公司的现金会成为越来越没有价值的资源，公司股价也会相应下跌，利润回报日益恶化。现金富裕、股价较低的公司往往会吸引公司并购者的注意，这也就是公司现任管理层任期终结的开端。为了保护自己，经理们经常选择第二个方案：购买另外一家所谓成长型的公司。

宣布并购计划有激励股东、阻止公司并购者的作用。但是，巴菲特对需要通过并购其他企业来促进自身成长的公司持怀疑态度。原因之一在于这样的成长可能代价过高，得不偿失。原因之二是，这样的公司需要整合成一家新公司，这就有可能犯损害股东利益的重大错误。

巴菲特认为，对拥有不断增加的现金，却难以获得高于投资平均收益率的公司来说，惟一合理的做法，就是将这些现金返还给股东。具体做法有两种：

（1）增加红利；

（2）购股份。

　　股东拿到现金红利后，就可以自主选择其他回报率更高的投资机会。表面上看，这好像是一桩好事，因此很多人认为红利不断增加是企业经营良好的表现。但巴菲特坚信，只有股东利用他们的现金进行投资，从而获得比公司利用盈利再投资而产生的现金更多时，这才是对的。

　　这些年来，巴菲特在他的投资上获得了很高的回报，而且保留其中所有的收益。在这样高的收益下，给股东分红就等于是提供了错误的服务。因此，伯克希尔·哈撒韦公司不对股东派发现金红利并不令人惊讶，股东也相当满意。1985年，巴菲特询问伯克希尔·哈撒韦公司的股东，以下三种股利政策中哪一种更符合他们的心意：

　　（1）继续将所有的盈利再投资，不分红派息；

　　（2）适当分配现金红利，把经营利润的5%～15%用于分红派息；

　　（3）按时下美国公司典型的做法分红派息，即将全部利润的40%～50%用于分红派息。

　　结果，88%的股东愿意继续现存的不分红派息的股利政策，显示出伯克希尔·哈撒韦公司的股东们绝对相信巴菲特。

　　如果说现金红利的真正价值有时会被误解的话，那么采用回购政策把盈利返还给股东的做法就更是如此了。从很多方面来讲，股东从股票回购中得到的利益更间接、更无形。

巴菲特认为股票回购的回报是双重的。如果股票的市场价格低于其内在价值，那么回购股票就有良好的商业意义。例如，某公司股票市价为 50 美元，内在价值却是 100 美元。那么管理层每次回购时，就等于花费 1 美元而得到 2 美元的内在价值。这样的交易对余下的股东来说，收益是非常高的。

巴菲特进一步认为，公司经理们在市场上积极回购股票时，是在表示他们以股东利益最大化为准则，而不是不计效益盲目扩展公司资产与业务。这种立场向市场发出了利好信号，从而吸引其他正在股市上寻找管理优秀且可以增加股东财富的公司的投资者。此时，股东通常可以得到两项回报——第一项是最初公开的市场上购买，紧接着是因投资人的追捧而造成的股价上扬。

管理者对股东是否坦诚

巴菲特一直敬重那些全面、真实地披露公司财务状况的管理者。他们承认错误如同公告成功一样，并且能对股东坦诚相待。巴菲特特别敬重那些不利用公认会计准则来隐瞒、包装企业业绩真实情况的经理人员。

巴菲特还欣赏那些有勇气公开讨论失败的人。巴菲特认为，大多数企业的年度报告是虚假的。每个公司都在犯错误，只是程度不一。大多数管理者在报告业绩时乐观有余、诚信稳健不足。这一行为只能满足经理人员自己的短期利益，但从长远来看，对谁都没有好处。

巴菲特在伯克希尔·哈撒韦公司的年度报告中，公开了伯克希尔·哈撒韦公司盈利能力和管理状态的好坏两方面，巴菲特一直披露伯克希尔·哈撒韦公司在纺织或保险业务方面所遇到的问题，以及他自己的管理失败。从 1989 年开始，巴菲特在年度报告中列举自己所犯的错误，称为"二十五年中的第一个失误"。在年报中，巴菲特不仅坦言了自己的失误本身，而且还包括因为他处理失误而丧失的机会。

评论家们认为，巴菲特之所以敢于实行他的公开承认错误的计划，是因为他拥有伯克希尔·哈撒韦公司 42% 的股份，因此，即使公开坦陈所犯错误，也没有被炒鱿鱼的后顾之忧。这固然是一个因素，但巴菲特这一做法在管理层报告中还是具有创造性的。因为巴菲特深信，坦诚对管理者和股东都有好处。"误导公众的总经理，最终也将误导他自己。"巴菲特将这一见解归功于查理·蒙格，认为是他帮助自己理解了研究一个人的失败比只关心他的成功更重要的道理。

管理者是否受惯例驱使

　　既然管理者是通过解决困难和修正错误来赢得尊敬和信誉，为什么那么多的年度报告中却只鼓吹成功呢？如果资金的分配和利用是这么简单而又必然，为什么总是处理不好呢？巴菲特将其原因归结为"惯例驱使"。正是这些貌似无形的惯例导致公司管理者模仿别人行为的趋向，而不顾及那些行为可能是非常愚蠢和不合理的。

　　巴菲特宣称这是他职业生涯中最令人吃惊的发现。在学校所学到的是：有经验的公司管理者是诚实而又聪明的，可以自动做出合理的经营决策。但一旦来到企业的实际环境中，巴菲特看到和体会到的却是另一番景象，"当惯例驱使发生作用时，理性是脆弱无力的"。

　　巴菲特将惯例驱使的力量归纳为以下几种情况：

　　（1）一个组织或机构拒绝在当前方向上做任何改变；

　　（2）就像工作占用了所有可用的时间一样，公司的计划和并购也具体化为用尽所有可支配资金；

　　（3）在每项业务上，不管经理人员的筹划有多么不明智，都能很快获得由工作人员悉心准备、内容详实的关于利润率、策略等方面研究报告的支持；

　　（4）盲目模仿、争相攀比同类公司的行为，包括扩张、并购、建立经理奖励制度等。

大多数管理者都不希望在别的公司每季度都有盈利时，自己的公司却发生令人难堪的赤字亏损，因为这样往往会被人们视为无能。尽管他们自己也相信沿着原来既定的方向继续走下去必然是悬崖，却不愿勒马改道。跟随别的公司总比改变方向轻松。确实，巴菲特不用担心被炒鱿鱼，因而可以做出一些非常规的决定。同样，如果一名管理者有较高的交流技巧，就容易使股东相信短期的损失可以带来长期的高利润。巴菲特深知，无力抵抗习惯性压力的情形，往往很少与股东有关，关键在于经营者是否乐意接受根本的改变。

即使管理者接受现实，认为公司必须进行改革以避免可能的破产，但对大多数企业来说，改革计划很可能因大多数人感到困难而难以贯彻执行，最终往往是被一个折中的方案所替代：购买一家新公司，而不是正视当前的实际问题。

为什么管理者会这样做？巴菲特指出，对管理者行为影响最大的三点事实是：第一，大多数管理者不能控制自己行动的欲望，从而产生过激行为，而这些过激行为又往往通过企业接管来寻找发泄的出路。第二，大多数管理者总是不断把自己企业的销售、盈利、经理奖励等与其他企业进行比较。这种比较往往容易导致企业经理的非理性行为。第三，大多数管理者通常会高估自己的管理能力。

另一个普遍的问题是糟糕的资金分配。巴菲特指出，总经理们大多是因为在公司其他方向的优异表现才提升到这个职位的，如管理、设计、市场营销或是生产部门。由于他们中的大多数缺乏资金运用的经验，所以，只得向下属、顾问或投资银行家们寻求建议。在这里，习惯性规则就开始影响决策过程了。只要总经理把 15% 的投资回报率作为判断是否收购的标准时，他的下属就会向他报告说投资回报率实际可以达到 15.1%。

对习惯性规则最后的解释就是不动脑筋，生搬硬套地模仿。如果 A、B、C 公司正在以相同的方式处理问题，那么 D 公司的总经理就会以此为原因而采用相同的行为模式。巴菲特强调，并不是腐败或愚蠢使得这些公司的经理人员难以抵挡那些必然导致毁灭的行为。实际上，是习惯性的力量使得这些公司难以抵挡那些必然导致毁灭的行为。巴菲特曾在一次对学生谈话时，出示了一张列有 27 家失败的投资银行的名单。他指出，尽管纽约股票交易所规模增加了 15 倍，但名单上的这些投资银行仍没有逃脱失败的厄运。这些投资银行的经理们都是智商很高而且工作勤奋的人，他们非常渴望成功，"但为什么他们还会得到这种失败结果呢？因为他们不动脑筋，盲目模仿他们的同行。"

巴菲特曾与美国企业界一些最聪明的管理者一起工作。

包括可口可乐公司的小罗伯特・格依祖培和威尔斯・法高银行的卡尔・理查德。但即使是这些聪明能干的经营者一旦接手问题重重的企业，也难妙手回春。巴菲特说："如果你把这些经营高手放到一家有问题的企业中去，也不会有多大起色。"他所说的意思是，不管这位经营者给人的印象多么深刻，他也不会仅因为这个经营者而投资于一个糟糕的企业。"让一个聪明、有能力的经理人员来处理一个基本情况极差的企业时，企业状态也没有什么变化。"

经营者的能力评估很大程度上是一种主观努力，因此不应该一味加以量化。不过，可以辅以一些量化标准，如权益资本收益率、现金流以及经营利润等。

Chapter *13*　考察财务方面的四大准则

巴菲特评价管理和获利能力以及财务评估方面的准则，是以某些典型的巴菲特信条作为基础的。

他以下面几个准则作为自己在财务评估方面的指导：

（1）集中于权益资本收益，而不是每股收益；

（2）计算"股东收益"；

（3）寻找经营利润率高的公司股票；

（4）对每1美元的留存收益，确认公司已经产生出至少1美元的市场价值。

用权益资本收益率来评价经营业绩

巴菲特认为："对经营管理获利状况最重要的量度，是已投入股权资本的收益状况，而不是每股收益。"巴菲特更愿意使用权益资本收益率——经营利润对股东权益的比例来评价一家公司的经营业绩。

采用权益资本收益率评价业绩时，需要做某些调整。首先，有价证券应该按投资成本而不是按市场价格来估价。因为股票市场价格会极大地影响一家公司的权益资本收益率。例如，如果一年中股价戏剧性地上升，那么公司净资产价值就会增加，即使公司经营业绩的确非常好，但与这么大的股权市值相除，权益资本收益率也将急剧减小。相反，股价下跌会减少股东权益，从而会使平庸的盈利状况看起来比实际好得多。

其次，投资人也应控制非经常项目对公司利润的影响。巴菲特将所有资本性的收入和损失以及其他会增减利润的特殊项目排除在外，集中考察公司的经营利润，他想知道，管理层利用现有的资本通过经营能产生出多少利润。他说，这就是判断管理者获利能力的最好指标。

另外，巴菲特始终认为，一家企业应能在没有或极少负债的情况下，用股权资本来获得收益。我们知道，提高财务杠杆比率，即增加债务资本，可以增加权益资本收益率。巴菲特非常清楚这一点。但是，通过借更多的钱来提高伯克希尔·哈撒韦公司权益资本收益率的想法并未打动他。"优秀企业的投资决策，会产生令人满意的业绩，即使没有贷款的帮助也一样。"而且，财务杠杆比率较高的公司，在经济增长缓慢或衰退时，是极为脆弱的。巴菲特宁可在财务质量方面发生错误，也不愿意冒因增加债务而使伯克希尔·哈撒韦公司股东权益受到威胁的风险。

巴菲特在债务方面的考虑显然是相当保守的。但在确实需要借债时，巴菲特并不畏缩。实际上，他更愿意在预料到未来使用状况时借债，而不是临时抱佛脚，在需要已经紧迫的时候再去借债，巴菲特说，如果企业每次进行有利可图的投资都能与贷债的时机恰到好处地匹配，那是很理想的，但实际情形却往往相反。低成本的资金往往会使资产的价格上升，而高利率的资金却往往会增加负债成本，同时会降低资产价值。当购买公司股票的价格达到最理想的价位时，资金高成本（较高的利率）却往往降低这一机会的吸引力。针对这种状况，巴菲特认为，公司的资产与负债管理应该相互独立。

这种为日后的发展而借款的哲学，会影响近期的盈利。但巴菲特只在确信未来的经营会带来比目前债务成本更高的利润时，才会真正这么做。而且，真正有吸引力的商业机会很少，所以巴菲特希望伯克希尔·哈撒韦公司能枕戈待旦。"如果你想射中罕见的、移动迅速的大象，就得一直带着猎枪。"

巴菲特并不针对某一企业负债水平是否合适提出建议。

很明显，不同的企业现金流不同，可以应付的债务水平也不同，巴菲特想说的是，一家优秀的企业应该可以不借助债务资本，而仅用股权资本来获得不错的盈利水平。如果公司是通过大量的借款来获得利润的，那么该公司的获利能力就值得怀疑。

用 "股东收益" 来衡量内在价值

巴菲特告诫投资者说，应该注意会计上的每股收益只是判断企业内在价值的起点，而非终点。"首先应该明白，并非所有的利润都是同样被产出的。那些相对于利润具有过多资产的公司，所报告的利润只是表面的。因为通货膨胀实际上征收了资产密集企业的通行费，导致这类企业的盈利化为幻影。所以，只有当分析家们了解预期现金流时，会计上的利润才有利用价值。"

巴菲特又指出：即使是现金流也并非是完美的衡量尺度。现金流也经常会误导投资者。现金流用于评估初始投资很大而后续投资小的企业（如房地产、油田、电报电话公司等）时还是比较恰当的，但对于需要持续不断的资本性支出的生产制造型企业，用现金流来评价是不够准确的。

公司的现金流，通常被定义为税后利润再加上折旧和摊销等非现金费用。巴菲特认为，这一定义的不足之处在于，它未考虑一个重要的经济事实——资本性支出。公司一年的利润中还包括用来购买新设备，升级更新工厂和维持公司运营的费用。根据巴菲特的估计，大约95%的美国企业需要与折旧大约相等的资本性支出。巴菲特指出，企业可以将资本性支出推迟一年或更长，但如果长期这么做，不进行必要的资本支出，企业肯定会衰退。资本性支出就像公司的劳务和原料成本一样，也是企业的一项常规费用。

20世纪80年代杠杆收购时期，现金流的概念和方法运用也达到鼎盛时期。付给被并购企业的过高价格就是由现金流法来评判的。巴菲特深信，现金流的数字"经常被企业或证券推销商引用，以使不合理的价格看起来合理，使本来没有市场的东西能卖得出去。当利润不足以支付垃圾债券或无法支持愚蠢高价时，很容易诱使人们去关注现金流"。巴菲特警告说，除非愿意从中减去必要的资本支出，否则就不要过于关注现金流。

巴菲特更喜欢使用他称之为"股东收益"的指标，即公司的税后利润加上折旧、推销等非现金费用，同时，减去资本性支出费用以及可能需要增加的运营资金量。巴菲特承认，"股东收益"并不能为价值分析提供所要求的精确值，因为未来资本性支出需要经常评估。但巴菲特总是引用凯恩

斯的话来解释自己的观点："宁可接受模糊的真理，也不要
精确的错误。"

经营利益率与成本压力

巴菲特与费雪一样，深知如果管理者无法把销售收入变
成利润，那么企业所做的投资就没有价值。根据他的经验，
成本管理存在马太效应，高成本运营的管理者趋向于寻找途
径增加成本，而低成本经营的管理者却总在寻求减少成本的
途径。

巴菲特以卡尔·理查德、保罗·哈恩（威尔斯·法高银
行总裁）以及汤姆·穆菲、唐·伯克（大都会美国广播公司
总裁）对不必要的费用所进行的无情削减为例。这两个公司
的管理层"不论利润创了新纪录还是正面临压力，都始终积
极地削减成本"。巴菲特自己对削减不必要的成本费用也是
十分坚决的。他对伯克希尔·哈撒韦公司的盈利幅度十分敏
感。他了解任何企业经营所需的合适的职员数目，也坚信对
于每一美元销售，都应有一个合适的费用水平与之对应。

伯克希尔·哈撒韦公司是一个独一无二的公司。公司的
职员人数甚至不够组建一支垒球队。伯克希尔·哈撒韦公司

没有法律事务部或是公共关系部，没有设置专门的策划公司并购，由受过工商管理硕士课程训练的员工组成公司策略部，也不雇用安全保卫人员、汽车司机和送信人。伯克希尔·哈撒韦公司的费用开支还不到经营利润的1%。相比之下，其他盈利水平相似的公司这一比率高达10%，也就是说，那些公司仅仅因为日常开支过大，就使股东拥有的财产价值减少了9%。

1 美元的市场价值

投资者如何检验是否选择了一家具有良好的长期发展前景，并由以股东利益为导向、精明能干的管理层来经营的企业呢？对于这一问题，巴菲特通常是通过比较公司市场价值增量与留存收益增量来加以验证的。

我们知道，尽管个别时候股价会因各种原因偏离其内在价值，但从长远来看，股票市场会合理地反映公司的内在价值。对于留存收益也是一样的。如果公司运用保留的利润，在较长时间内都没有获得较好的收益，则有效市场就会在该公司股票价格上体现出它的失望。相反，如果公司利用追加资本获得的收益超过平均水平，这一成功就会体现在股价的上升中。在巴菲特的快速测试中，公司股票市值增量应至少不低于留存收益的数额。如果公司的市场价值增量超过留存收益增量，当然更好。巴菲特对此的解释是："在这个巨大的交易舞台中，我们的任务就是寻找这类企业：它的盈利状况可以使每 1 美元的留存收益至少能转化为 1 美元的市场价值。"

Chapter 14　确定公司内在价值的策略

　　价格是由市场决定的，而价值则是分析家在考虑了自己
所知道的所有关于公司经营、管理、财务特性等方面的信息
后，运用各种方法进行评估的结果。价格和价值并不一定相
等。如果股票市场是有效的，那么股价应根据所有已知的信
息迅速调整。当然，我们知道这并不是现实的情形。股价因
为无数因素的影响总是围绕股票的内在价值上下浮动。

　　巴菲特认为，理性投资有两个要点：

　　（1）这家企业真正的内在价值有多少？

　　（2）能够以相对其价值较大的折扣买到这家公司的股
票吗？

　　传统的企业估价方法通常包括以下三种：清算法、继续
经营法和市场法。清算价值是变卖企业资产减去所有负债后
的现金余额。

　　巴菲特采用哪一种方法呢？按他自己的说法，最好的方
法早在50年前就由威廉姆在其《投资价值理论》一书中系
统地提出了，即企业的价值是由企业生命周期中预期产生的

净现金流经过合意贴现率的贴现而得到的。巴菲特说："不管是生产小产品的厂商，还是生产蜂窝电话的公司，在这种估价方法下它们的地位完全相同。"

企业估值的数学计算过程与债券估价过程十分相似。债券的利息和到期日决定了它将来的现金流。将债券所有的利息相加，并以合适的贴现率进行贴现，就得出了债券的贴现值。同样，为了评估一家企业，分析家们应估算该企业从某一时期到将来会产生的"利息"，并把所有这些"利息"折算成现值。

从理论上看，只要应用了正确的变量值、现金流和贴现率，确定一家企业的价值就很简单。问题恰恰在于未来现金流和贴现率很难估算和选择。对巴菲特来说，如果他不能确信企业到底会产生多大的现金流，他就不会去评估这家公司。这就是他的方法的特点。尽管他也承认微软公司是家很有活力的公司，并且高度评价比尔·盖茨作为一个管理者的成就，但他坦言他没有办法估计这家公司未来的现金流。如果这一企业业务单纯，而且由具有盈利能力的管理力量来领导，巴菲特就可以非常确定地估算出它未来的现金流。巴菲特始终认为，一个人预计未来的能力就决定了他能力所及的范围。在巴菲特心目中，公司周期性的现金流应该像债券的利息一样确定。

确定了公司未来的现金流后，接下来要选用相应的贴现率。令很多人感到惊奇的是，巴菲特所选用的贴现率，就是美国政府长期国债的利率或到期收益率。这是一个任何人都可以获得的无风险收益率。

理论研究者们认为，对股权现金流进行贴现的贴现率，应该是无风险收益率（长期国债利率）加上股权投资风险补偿，这样才能反映公司未来现金流的不确定性。但巴菲特不进行风险补偿，因为他尽量避免涉及风险。首先，巴菲特不购买有较高债务水平的公司股票，这样就明显减少了与之关联的财务风险。其次，巴菲特集中考虑利润稳定并且可预计的公司，这样经营方面的风险即使不能完全消除，也可以大为减少。他说："我非常强调确定性。如果你这么做了，那么有关风险的问题就与你毫不相关。只有在你不了解自己所做的事情的时候，才会有风险。"

很多专业人士对巴菲特的主张和做法不以为然。他们认为估计未来现金流非常微妙和棘手，即使选对了贴现率，也有可能在估价中出现其他错误。这些专业人士往往利用各种不同的简便方法来评估企业价值，例如市盈率法、市价账面价值法、分红率法。实践者们则反复检验了这些比率，结论是：只要能慧眼挑出并购买那些具有以上财务比率的公司，就能获得成功。

如果投资者总是购买市盈率、市价/价面价值比例、分红率高的公司股票，则他们通常被称为"价值投资者"；而只投资成长速度高出平均值的公司股票的投资者，则称为"成长型投资者"。通常，成长型公司具有较高的市盈率和较低的分红率，这与价值投资者的选股标准恰好相反。

股票投资者必须在"价值"和"成长"两种方法中选择其一。巴菲特说，数年前他也曾参与这一拔河式的争论。但如今，他认为这两种思想体系之间的辩论是毫无意义的。因为成长型和价值型投资在某一点上是统一的。价值是某一投资未来现金回报的贴现值，而成长速度只是一个用于确定价值的计算参数而已。

销售额、利润和资产等方面的增长可以增加或减少投资的价值。当投资收益率高于平均水平时，成长可以增加股票内在价值，但要确定 1 美元的投资，至少产生了 1 美元的市场价值。若一家企业只有很低的资本收益率，那么投资的增长对股东将是有害的。例如，尽管航空业有令人难以置信的增长率，但由于航空公司的利润率逐步下滑，使得绝大多数航空公司的股东最后处于很糟糕的境地。

巴菲特认为，所有这些简便方法——高或低的市盈率、市价/账面价值以及分红率，不管以怎样的数字进行组合，都有一个弱点，很难确定投资者的购买是否物有所值，是否是真正按照内在价值的准则在进行投资。不管一家企业是否在成长、它的盈利是否稳定，或者相对于企业当前利润或账面值来说股价偏高或偏低，只要它用贴现现金流计算后确认为最便宜，它就是投资人应该购买的股票。

巴菲特认识到，首先即使企业的业务易于理解、有持续的盈利能力和由股东利益导向的管理层来领导，并不能保证投资成功，还必须以比较明智的价格购买；其次，企业的行为必须合乎事先的预期。巴菲特认为，投资失误只可能出现于以下三方面：支付的价值；股东选定的管理层和企业未来的盈利能力。而在第三方面的估算错误是最常见的。

巴菲特不仅致力于挑选盈利水平高于平均水平的企业，同样也要求在其市场价格低于内在价值时购买。格雷厄姆曾教导巴菲特牢记安全收益投资准则，即在估算的内在价值超过其市场价格的差额具有较高的安全系数时，才能购买该公司股票。

安全收益准则在两个方面使巴菲特受益。首先，这条准则使得巴菲特免受价格下跌的风险。当巴菲特计算出某公司股票的内在价值只比其当前市价略高一点时，就不会购买该公司股票。他为此解释说，如果他的估价不准确，而公司的内在价值实际上还会稍低一点，那么这只股票的市价可能会跌到比他付出的价格还低的水平。但如果内在价值或购买价格之间的差额足够大，内在价值下跌的风险就大为减少。如果巴菲特以25%的价格折扣（相对于内在价值）购买了一家公司股票，即使公司股票的市价下降10%，最初的购买价格仍能带来足够的收益回报。

安全收益也带来了获取额外回报的可能。如果巴菲特正确地挑选了一家盈利水平高于平均值的公司，长期来看，其股票价格就会随着公司的盈利而稳步上涨。权益资本回报率为15%的公司，与那些权益资本回报率只有10%的公司相比，股票价格会上升更多。不仅如此，如果巴菲特应用安全收益的准则，以相对于内在价值较大的折扣购买到这家公司股票，那么当市场价格正确体现出其内在价值时，巴菲特就会得到额外的收益。"市场就像上帝，只帮助那些自己努力的人。"巴菲特说，"但与上帝不同的是，市场不会宽恕那些不清楚自己在干什么的人。"

巴菲特相信，多样化投资是人们为了掩盖自己的愚蠢所采取的行为。他们缺乏足够的才能来对几个企业进行大规模投资，于是，为了弥补自己的无知与愚蠢，他们就把资金分散在许多不同的投资项目上。

我们都知道，格雷厄姆的投资策略要求投资组合必须由百种以上的股票构成。他这样做的目的是为了防止某些企业或股票不盈利的可能性。格雷厄姆觉得，企业的性质可以由投资组合的数目来决定，但是他不可能全面地了解他所拥有的所有企业。

巴菲特曾经一度采纳了格雷厄姆的观点，但后来发现，他就像是拥有一座动物园而不是股票的多样化组合。巴菲特因此转向了费雪和门格的理论，并且认为，他必须比格雷厄姆更了解他所投资的这些企业。

尽管费雪承认一些多样化投资是必不可少的，但多样化投资作为一种投资理论却被炒得太厉害，他认为是因为这种理论非常简单，以至于一些股票经纪人都能理解（一些批评家们也这样认为）。费雪认为，投资者为了避免将所有的鸡蛋放在一个篮子里，而把鸡蛋分在很多不同的篮子里，最后的结果是许多篮子里装的全是破鸡蛋，而且投资者也不可能照看所有这些篮子的全部鸡蛋。费雪认为，由于许多投资者太迷信多样化投资理论，结果他们对自己所投资的企业的性质一无所知，或者知之甚少。

巴菲特深受已故的伟大的英国经济学家约翰·梅纳德·凯恩斯的影响。凯恩斯在投资领域有许多杰出的见解。他曾经说过，他的大部分资产都投在几种他可以算出投资价值的企业证券上。

巴菲特信奉集中资产组合的理论，这就意味着他只持有几个企业的股票，而这几个企业他都有一定的了解，而且持有股票的时间也很长，这样就可以非常认真地来考虑是否需要进行某种投资。巴菲特相信，他正是利用这样一种认真负责的精神来考虑该投资于什么和以什么价格投资这两个问题，从而降低风险。也就是说，这个投资策略使得他仅仅投资于一些价钱合适的优秀企业，这样可以降低遭受损失的危险。

Chapter 15 衡量业绩的更好方法

在 1997 年《财富》杂志上发表的一篇文章中指出，共同基金的券商们在鼓励自己的股民怎样做和自己的实际做法上存在明显的不一致性。他们要求股民"买入并持股"，而自己却频繁地买卖——买入卖出，再买再卖。正如巴菲特所言："共同基金行业自己的所作所为与它告诉投资者所做的之间毫无联系。"

很显然，现在的问题是：如果投资者被告知买好股并连续持股，为什么投资券商每年要疯狂地买卖股票呢？答案在于基金行业内部的动态活力使得资金管理者很难超越短期利益。为什么呢？因为共同基金行业已经变成了一个短期业绩竞赛游戏，而且业绩完全由价格来衡量。

今天，资金券商们面临巨大的压力，他们必须产生出令人眼红心跳的短期业绩数字来。这些数字必须引人注目。每隔 3 个月，权威的金融刊物如《华尔街日报》和《拜伦》都会公布共同基金季度业绩排行榜。过去三个月业绩最好的基金移至排行榜前几名，他们被金融界人士在电视和报纸上大加赞扬。基金亦赶紧为此庆祝，大做广告宣传以吸引众多的新储户。投资散户们则一直等着看哪些券商是"手香的"，然后迫不及待地将钱投过去。的确，季度业绩排行榜起到了区分有才华的和平庸的券商的作用。

这种将业绩固定在短期价格上的做法不仅仅局限于共同基金，或只在共同基金里显而易见，它控制着我们整个行业的思维。我们已不再处于用长期业绩来衡量券商的环境中了。甚至那些自己操盘做自己券商的人也受到这种不健康环境的影响。从许多方面来说，我们都已成为营销机器的奴隶。这部营销机器几乎注定人们业绩平庸，而被卷入这个怪圈的人似乎又很难摆脱出来。但是，如前所述，还是有一种方法可以改善投资业绩。只是最有可能在较长的时间里产生高于平均水平收益的战略与我们评判业绩的方法风马牛不相及——一个是共同基金券商的方法，另一个是我们自己的方法。这真是残酷而具讽刺意味的。

1986 年，在巴菲特发表了《格雷厄姆——多德都市里的超级投资家们》这篇文章以后，有人写了一篇题为《短期业绩与价值投资真的水火不相容吗?》的文章。作者是哥伦比亚大学商学院的校友同时又是美国基金会的证券商沙罕，他提出了我们现在正要提出的问题：基于短期业绩来评判资金券商的投资技巧到底合适吗?

他注意到，除了巴菲特本人，其他被巴菲特称之为"超级投资家"的人——他们均无可否认地懂技巧，无可否认地成功——但都经历过短期业绩低潮的阶段。将乌龟和兔子引进资金管理的概念中，"这是对生活的又一讽刺，因为追求短期业绩是完全可以达到的，但这是以牺牲长期利益为代价的。格雷厄姆——多德都市里的超级投资家的杰出业绩都是在对短期业绩毫不理会的情况下取得的"，沙罕评论道。

学术界和研究者们投入了大量的精力，试图决定哪些券商或者哪些战略最有可能在某段时期内击败市场。在过去的几年里，享有盛誉的《金融日报》基于著名教授的研究成果亦发表了几篇文章。文章提出的是同样的基本问题：对共同基金的业绩是否有一种衡量模式？这些大学教授对此问题进行了大量的学术探讨和数据分析，但是他们的研究却没有得出令人满意的答案。

投资者相信对券商的跟踪纪录可以显示其未来的业绩。这就创造出一种自我满足的动力，让今年的资金跟着过去几年的顶级券商走。当这种动力以 1 年为单位进行衡量时（即根据去年的商家来选择今年的赢家），我们将这种现象称为"热手"现象。"热手"现象就是通过观察在过去几年做得好的基金，从而预测出他们在不久的将来业绩也会突出的现象。这样做是否可行呢？

尽管研究是彼此独立的，但这些学术界人士却得出相同的结论：没有显著的证据能够帮助投资者选择下一年度的顶级业绩持有者。不管投资者如何在"热手"基金之间弹来跳去，只要"热手"以价格业绩来界定就无助于他们建立自己的净资产。

由此我们可以想象出沃伦·巴菲特对这些学术研究的看法。对于他来说，故事的寓意很清楚：必须放弃将价格作为惟一衡量尺度的固执做法。必须从事倍功半的短期评判习惯中摆脱出来。

但是，如果不将价格作为最佳衡量尺度，应该使用什么尺度取而代之呢？

"什么尺度都不用"，并不是一个好的答案。即使是买股并持股的战略也并不推崇两眼一抹黑的做法。我们必须找出另一种衡量业绩的尺度。幸运的是，的确有一种方法，这种方法是巴菲特评判自己业绩的奠基石，也是他衡量他所管理的公司伯克希尔·哈撒韦业绩的奠基石。

确定衡量业绩的尺度

沃伦·巴菲特曾经说过："哪怕股市关闭一二年我也不

在乎。毕竟股市每周六、周日都关闭，我从未为此着急过。"
当然，"活跃的交易市场是好的，它会时不时地为我们展现
出令人垂涎三尺的机会，但这决不意味着这是必需的"。

　　为了更全面地理解上述这番话的含义，我们应该仔细思
考他下面的这段话："我们对我们所持证券的交易情况的持
续不明朗并不大担心，我们担心的是我们的子公司'世界书
市'或'费可海姆'缺乏每日股市报盘信息。最终我们的经
济命运还是由我们所拥有的企业的经济命运决定；不管我们
是部分拥有股权还是全部拥有股权（以股票的形式）。"

　　如果你拥有一家企业，又得不到企业每日股市的报盘情
况，你怎样衡量它的业绩，决定它的进展呢？很有可能你会
衡量它的收益增长情况，或运营成本的改善情况，或资本花
费的降低情况。你只有借助企业的经济状况来指导你，告知
你的企业是增值了还是贬值了。在巴菲特心目中，衡量一家
私有企业业绩的（石蕊）试纸与衡量一家公开上市企业业绩
的试纸没有什么区别。

　　"查理和我通过企业运营结果——而不是通过每日甚至
每年的股价报盘来告知我们的投资成功与否。"巴菲特解释
说，"市场可能会对企业的成功忽略一时，但最终它会证实
企业的成功。"

　　那么我们是否可以指望市场对我们选择了正确的公司给

予回报呢？我们是否可以认为在企业的经营效益与未来股价之间存在很强的相关性呢？如果时间拉得足够长，答案似乎是肯定的。

有人利用在实验室里建立的 1200 家公司的几组数据，仔细研究了在不同阶段里企业收益与股价之间表现出的关系。研究结果表明，决定企业收益与股价之间关系的密切程度的最大相关因素是时间。他们发现时间越长，相关性越大：

当持股期为 3 年时，相关系数为 0.131 ~ 0.360（0.360 的相关系数意味着价格方差的 36% 由收益方差来解释）。

当持股达 5 年时，相关系数为 0.374 ~ 0.599；当持股期为 10 年时，相关系数增至 0.593 ~ 0.695；当持股期为 18 年时，收益与股价的相关系数达到 0.688——具有显著意义的相关性。

这就验证了巴菲特的论点，如果时间足够长，一个效益好的企业定将产生出强劲的股票。然而他对收益向股价的转换过程持谨慎的态度，认为它是"不平衡的"也是"难以预测的"。尽管随着时间的推移，在收益与股价之间存在着越来越大的相关性，但它并不总是可以预知的。巴菲特说："从长期角度讲，市场价值与企业价值是齐头并进的，但在某个单一年度，他们之间的关系可能是神秘莫测的。"65 年前，本杰明·格雷厄姆也这样教给巴菲特同样的一课。他说："只要企业的内在价值在以令人满意的速度增长，那么它是否也在以同样的速度被别人认可它的成功就不重要了。事实上，别人晚些认可它的成功反而是件好事。它可以给我们留出机会以较低的价格买进高质量的股票。"为了帮助股民了解伯克希尔·哈撒韦的大量普通股投资的价值，巴菲特发明了"全面收益"一词。伯克希尔的全面收益是由它的联合企业（分公司）的营业收益、留成收益以及税收折扣所构成的。当然只有当留成收益被实际支出的情况下伯克希尔才会支付税收折扣。

所谓留成收益（也可称为未分配利润）是指公司没有将利润以红利的形式支付给股民，而是将它再投回公司的那部分实际收益。在过去的这些年里，伯克希尔来自其所持有的大量的普通股的留成收益的数量是非常可观的，这些普通股包括可口可乐、联邦住宅抵押贷款、吉列、《华盛顿邮报》以及其他一些公司。到 1997 年，留成总收益额为 7.431 亿美元。根据公认会计准则（GAAP），伯克希尔不能将其留成收益计入损益表中，尽管如巴菲特指出，留成收益有其明显的价值。

全面收益这一概念最早是为伯克希尔的股民们设立的，但对那些寻求理解自己证券投资价值方法的集中投资券商来说，这一概念也代表了重要内容，特别是当股价经常与公司潜在经济价值彼此脱离时。巴菲特说："每个投资者的目标应当是创立一种证券投资（事实上是一家公司），它能够为投资者在 10 年左右的时间里带来最高的全面收益。"据巴菲特说，自 1965 年以来（即巴菲特接管伯克希尔·哈撒韦公司这年），公司的全面收益与其证券市值几乎同步增长。然而二者并没有形成固定同步移动的关系。利润超前于价格的事情时有发生（即本杰明·格雷厄姆著名的"市场先生"被过度压制了）。在另一些时候，也出现过价格超前于利润的现象（即"市场先生"处于无法控制的过热状况）。我们要记住的重要一点是，二者在长时期里的关系是同步的。巴菲特告诫说："这种战略将迫使投资者从长计议，放眼未来的市场，从而取得优异的成绩，而不是仅看短期市场利益。"

巴菲特的经济量尺

当巴菲特考虑增加一项新投资时，他会首先看看他已拥有的投资，再看看新购入股是否比原来的更好。伯克希尔今天使用的是一根经济量尺，用以比较可能购进的企业。查理·蒙格强调说："巴菲特所说的话几乎对每位投资者都是很有用的。作为一名普通人，你能拥有的最好的东西莫过于你的量尺。"查理下面的这段话道出了增加投资价值的最关键的一步，也是被广泛忽略的秘诀："如果（你打算购买的）新股并不比你知道的其他股好多少，这说明它没有达到你的门槛要求。这就淘汰掉你所见到的99％的股票。"

基于目前你所拥有的投资，你手边又有了随时可供调遣的经济标准——一根量尺，你就可以以多种形式为你自己的经济标准下一个定义了，例如全面收益、股本回报、安全边际。当你买卖你证券投资中的某家公司的股票时，你或是提升了或是降低了你的经济标准。作为一个长期持股的券商，作为一个相信未来的股价一定会与其经济效益挂钩的券商，你的工作就是不断想办法提升经济标推。蒙格说："这是件十分伤脑筋的工作，而且商学院总的来说不会在这方面教你什么。"

如果退一步想一想，标准普尔500指数也是一根量尺。它是由500家公司构成的，每家公司都有自己的经济回报。为了逐步超出这500家的业绩——即提升业绩标杆——我们必须聚集并管理一批公司的证券，它们的经济效益要优于上述500家经济效益的平均加权指数。

原来经营大都会美国广播公司（该公司后来与沃尔特·迪士尼公司合并）的汤姆·墨菲对经济效益标杆有着深刻的理解。大都会美国广播公司经营着一系列媒体公司，将这些公司的经济效益联合起来加权就构成了股民的经济回报。墨菲深知要提升大都会美国广播公司的价值，他必须找到那些能提高现存经济标杆的公司。墨菲曾说过："券商的职责不是找出使火车变长的方法，而是使火车跑得更快的方法。"

由于集中证券投资经常在价格上滞后于股市，你不要错误地认为可以以此为借口忽略对公司业绩跟踪的责任。从使用经济效益标杆伊始，不管市场多么诡秘，你都要把握好选股购股这一关口。诚然，集中投资券商不应沦为股市狂想的奴隶，但是你应对你所持股公司的所有经济波动做到心中有数。

不管怎么说，如果一位集中投资券商对其所投公司的经济情况都不甚了解，又怎能指望"市场先生"对你所选购的股票在适当的时候给予回报呢?

集中投资的期限就是永远

集中投资必须是长期投资。如果我们问巴菲特持股的最理想期限，他会说"永远"——只要企业仍然产生高于平均的经济效益，而且管理层仍以理智的态度分配公司的收益，这个股就要继续保持。他解释说："按兵不动是聪明的策略。我们不会——其他多数企业券商也不会由于联邦储蓄的贴现利率的小小改变，或由于华尔街的某位权威人士改变了对市场的看法就疯狂地抛售非常有利可图的分支企业。我们把持着只有少数人才拥有的最优秀企业的股票，既然如此我们为什么要改变战术呢?"

如果你拥有的是一家很差的企业，你应该将它出手，因为丢弃它你才能在长期的时间里拥有更上乘的企业。但如果你拥有的是一家优秀企业，千万不要将它出售。巴菲特解释说:"如果实施得当，一项低周转率投资战略应该产生的结果是拥有少数几种证券，但这几种证券却代表他整个投资的大部分比例。这就相当于购买几位杰出的大学篮球明星的未来收益股权的20%，他们当中有些人会继续成为 NBA 的明星，而从他们身上获取的收益将很快占据所收取会费来源的绝大部分。如果某些人建议让投资者卖掉他最成功的投资，理由是他们占据整体投资比例过大，这就相当于让公牛队卖掉迈克尔·乔丹，因为他对公牛队的作用太过重要。"

这种如同旱獭般行动迟缓的证券管理策略，表面看起来古怪离奇，特别是对于那些习惯于经常性进行积极动态买卖的人尤为如此。但是我们还要指出，这样做除了能增加高于平均水平的资本以外，还有其他两项经济利益值得注意:

（1）它起到降低交易成本的作用。因为你可以省掉大量的换手交易，从而避免交易过程中繁琐的中间环节，这节省了你宝贵的时间，在这些时间你完全可以做别的赚钱的事，当然中间费用也大大减少了。

（2）它增加税后利润。这主要包括交易中的印花税和每笔交易完成后的结算所得税赋。

每项经济利益都是很有价值的，二者相加其好处更是无可比拟。

Part

03

投资策略

Chapter *16*　集中投资的五大法则

好莱坞电影已为我们展示了一幅陈腐的券商工作的场景：他们疯狂地记笔记；同时用两部电话交谈；眼睛紧盯着不断跳跃着的计算机屏幕，只要股价一有风吹草动就用力敲击键盘。

沃伦·巴菲特作为一位典范型的集中投资家，却与上述疯狂的投资家模式相去甚远。

沃伦·巴菲特从自己投资的经验中得知，本质优良、经营得当的企业股价通常都较高。而一旦见到价格低廉的绩优股票，他会毫不犹豫地大量收购。而且他的收购行为完全不受经济景气与否及市场悲观气氛的影响。只要他相信这项投资是绝对具有吸引力的，他就会大胆购买。巴菲特的这种集中投资的策略，使他获益甚丰。

在伯克希尔·哈撒韦 1991 年的年度报告中，巴菲特对这种投资策略作了更进一步的解释。他引用了凯恩斯的话："随着年岁增长，我越来越相信，正确的投资方式是把大量的资金，投入到那些你了解，而且对其经营深具信心的企业。有人把资金分散在一些他们所知有限、又缺乏任何买点的投资上，以为可以以此降低风险，这样的观点其实是错误的……每个人的知识和经验毕竟是有限的，而我也很少能够同时在市场上发现两家或三家以上可以深具信心的企业。"

菲利普·费雪在课堂上的教学也促成了沃伦·巴菲特把伯克希尔的投资组合集中在少数几家公司上的做法。与凯恩斯一样，菲利普·费雪也同样认为，拥有太多种的股票会提高投资风险。那些被迫要注意并且分析各种股票的投资经理人，所冒的风险就是把太多的金钱放在不好的投资上面，却没有充裕的资金可以投资在那些真正强势的股票上。对大多数保险公司而言，伯克希尔·哈撒韦这种将大量资金集中于少数股票的做法并不恰当。而巴菲特的这种高度集中的投资策略，有较高的机会可以获得丰厚的长期收益。当然，由于股票市场起伏不定，他很可能在长期持股这段时期里的某些时候，显得格外有远见，或者就是愚蠢得令人惊讶。不过巴菲特认为，只有集中持股，方能长期获利，而且大大降低了风险。

既然沃伦·巴菲特将他的投资方略称为"集中投资"，我们不妨了解一下什么是集中投资以及它是如何被操作的。集中投资是一个简单得不能再简单的想法。然而像很多简单的想法一样，它根植于一套复杂的彼此关联的概念之上。

集中投资教给你一种投资决策以及有价证券管理的新方法。

投资于股票还是投资于指数

就目前的状况而言，有价证券管理处在两种竞争战略的拉锯战之中：活跃的有价证券管理和指数投资。

活跃的有价证券管理者不停地买卖大量普通股。他们的职责就是使客户满意，这意味着在股市上不断开创新业绩。

而指数投资采取的是购买并持有这样一种被动步骤。它收集并持有各种各样的普通股，且创造性地将投资组合设计得贴近标准普尔 500（S&P500）这一基准价格指数。

与活跃证券管理相比，指数证券投资的方法相对较新，应用不够普遍。进入 20 世纪 80 年代以来，指数基金战略已完全自成一体并脱颖而出。但是两派的倡导者一直相持不下，并要在最终的投资回报上比个高低。活跃派基金管理者认为，凭着他们高超的选股技巧，他们可以击败任何指数管理者。而指数派的战略家们则有近几年的辉煌历史做后盾。追踪 1977～1997 年的业绩表明，能够打败标准普尔 500 的共同基金的万分比呈急剧下跌的趋势，从早期的 50% 降到近 4

年的 25%。1997 年以来情况更糟，到 1998 年 10 月，有 90%
的活跃证券基金的业绩低于市场表现（平均比标准普尔 500
低 14%）。这意味着只有 10% 的公司的业绩好于平均水平。

　　活跃证券管理的方式尽管被广泛采纳，但今后却很难超
出标准普尔 500 这一水准基点。原因是他们每年疯狂地买卖
上百种股票，在某种程度上，机构资金管理者本身变成了市
场的买主和卖主。他们的基本理论是：购买我预计很快会获
利的股票，然后出手，管它是什么股呢。这种炒股逻辑的致
命弱点就在于：鉴于金融市场的复杂环境，正确的预测几乎
是不可能的。进一步动摇上述理论的基础并使事情复杂化的
原因是频繁炒作的内在成本所产生的效果。成本增加只会使
投资者的净回报减少。对这些成本因素加以分析，我们可以
清楚地看到，正是活跃证券机构本身导致了他们的失败。

　　指数投资由于没有产生同样多的投资，在很多方面要好
于活跃管理投资。但即使是最好的指数基金，处于顶峰期的
基金，也只能产生大众市场的收益，不多也不少。指数投资
者绝对不会比一般市场差，但也不会太好。

　　巴菲特对这场活跃派与指数派之争是如何评论的呢？如
果让他在二者之间择其一的话，他会毫不犹豫地选择指数
派。对那些不能容忍风险或者对企业经济知之甚少却仍想参
与普通股长期投资的人来说，尤其应如此。巴菲特说："通

过定期地投资于指数基金，那些门外汉投资者可以获得超过多数专业投资大师的业绩。"然而巴菲特还有第三种选择，这种选择有别于活跃派资产投资组合，但又能击败指数基金的战略，这就是集中投资战略。

集中投资的五大法则

1. 分析公司

多年来，巴菲特形成了一套他自己选择可投资公司的战略。他对公司的选择基于一个普通的常识：如果一家公司经营有方，管理者智慧超群，它的内在价值将会逐步显示在它的股价上。巴菲特的大部分精力都用于分析潜在企业的经济状况以及评估它的管理状况，而不是用于跟踪股价。

巴菲特说，分析公司是一件颇费周折的事，但其结果可能是长期受益。巴菲特使用的分析过程包括用一整套的投资原理或基本原则去检验每一个投资机会，我们可以将这些原则视为一种工具带。每个单独的原理就是一个分析工具，将这些工具合并使用，就为我们区分哪些公司可以为我们带来最高的经济回报提供了方法。

如果使用得当，沃伦·巴菲特的基本原则将会带你走进那些好的公司，从而使你合情合理地进行集中证券投资。你将会选择长期业绩超群且管理层稳定的公司。这些公司在过去的稳定中求胜，在将来也定会产生高额业绩。这就是集中投资的核心：将你的投资集中在产生高于平均业绩的概率最高的几家公司上。

2. 少意味着多

巴菲特说："如果你对投资略知一二并能了解企业的经营状况，那么选 5～10 家价格合理且具长期竞争优势的公司。传统意义上的多元化投资（广义上的活跃有价证券投资）对你就毫无意义了。"

传统的多元化投资的问题出在哪儿？可以肯定的一个问题是你极有可能买入一些你一无所知的股票。"对投资略知一二"的投资者，应用巴菲特的原理，最好将注意力集中在几家公司上。其他坚持集中投资哲学的人则建议数量应更少些。对于一般投资者来说，合理的数量应在 10～15 家之间。

费雪也是著名的集中证券投资家。他总是说他宁愿投资于几家他非常了解的杰出公司，也不愿投资于众多他不了解的公司。费雪是在 1929 年股市崩溃以后不久开始他的投资咨询业务的。他仍清楚地记得当时产生良好的经济效益是多么至关重要。"我知道我对公司越了解，我的收益就越好。"一般情况下，费雪将他的股本限制在 10 家公司以内，其中有 25% 的投资集中在三四家公司。

1958 年，他在《普通股》一书中写道："许多投资者，包括那些为他们提供咨询的人，从未意识到，购买自己不了解的公司的股票可能比你没有充分多元化还要危险得多。"他告诫说："最优秀的股票是极为难寻的，如果容易，那岂不是每个人都拥有它们了。我知道我想购买最好的股，不然我宁愿不买。"

费雪的儿子肯·费雪，也是一位出色的资金管理家。他是这样总结他父亲的哲学的："我父亲的投资方略是基于一个独特却又有远见的思想，即少意味着多。"

3. 在高概率事件上下大注

费雪对巴菲特的影响还在于，他坚信当遇到可遇而不可求的极好机遇时，惟一理智的做法是大举投资。像所有伟大的投资家一样，费雪绝不轻举妄动。在他尽全力了解一家公司的过程中，他会不厌其烦地亲自一趟趟拜访该公司，如果他对所见所闻感兴趣，会毫不犹豫地大量投资于该公司。肯·费雪指出："我父亲明白在一个成功企业中占有重要一席意味着什么。"

今天，巴菲特响应着这一思想："对你所做的每一笔投资，你都应当有勇气和信心将你净资产的 10% 以上投入此股。"

现在你明白为什么巴菲特说理想的投资组合应不超过10个股了吧，因为每个个股的投资都在10%，故也只能如此。然而集中投资并不是找出10家好股，然后将股本平摊在上面这么简单的事。尽管在集中投资中所有的股都是高概率事件股，但总有些股不可避免地高于其他股，这就需要按比例分配投资股本。

玩扑克赌博的人对这一技巧了如指掌：当牌局形势对自己绝对有利时，下大赌注。在许多权威人士的眼里，投资家和赌徒并无多大区别。或许是因为他们都从同一科学原理——数学中获取知识。与概率论并行的另一个数学理论——凯利优选模式（Keily Optimization Model）也为集中投资提供了理论依据。凯利模式是一个公式，它使用概率原理计算出最优的选择——对投资者而言就是最佳的投资比例。

4. 降低资金周转率

集中投资的策略是与那些广泛多元化、高周转率战略格格不入的。在所有活跃的炒股战略中，只有集中投资最有机会长期获得超出一般指数的业绩。但它需要投资者耐心持股，哪怕其他战略似乎已经超前也要如此。从短期角度我们认识到，利率的变化、通货膨胀、对公司收益的预期都会影响股价。但随着时间跨度的加长，持股企业的经济效益趋势才是最终控制股价的因素。

多长时间为理想持股时间呢？这并无定律。我们的目标并不是零周转率，走另一个极端是非常愚蠢的。这会使我们丧失充分利用好机会的时机。罗伯特·哈格斯特朗建议，将资金周转率定在 10% ~20% 之间。10% 的周转率意味着持股 10 年，20% 的周转率意味着持股 5 年。

5. 学会处理价格波动

在传统的活跃证券投资中，使用广泛的多元化组合会使个体股价波动产生的效果平均化。活跃投资证券商们心里非常清楚，当投资者打开月度报表，看到白纸黑字清清楚楚地写着他们所持的股价跌了时，这意味着什么。甚至连那些懂行的人，明知股票的下跌是正常交易的一部分，仍对此反应强烈，甚至惊慌失措。

然而持股越多越杂，单股波动就越难在月度报表中显示出来。多元化持股对许多投资者的确是一剂镇定剂，它起到稳定由个股波动产生的情绪波动的作用。但平缓的旅程亦是平淡的旅程。当以躲避不愉快为由，将股票的升跌趋于平均的时候，所获得的只能是平均回报，而集中投资寻求的是高于平均水平的回报。不管从学术研究上还是从实际案例史料分析上，大量证据表明，集中投资的追求是成功的。毫无疑问，在追求的旅途中充满颠簸，但集中投资者忍受了这种颠簸，因为他们知道，从长期的角度看，所持公司的经济效益定会补偿任何短期的价格波动。

巴菲特本人就是一个忽略波动的大师。另一位这样的大师是巴菲特多年的朋友和同事查理·蒙格。查理是伯克希尔·哈撒韦公司的副总裁。那些倾心钻研并酷爱伯克希尔公司出类拔萃的年度报表的人，都知道巴菲特与查理彼此支持、互为补充。

在20世纪60年代和70年代，蒙格与巴菲特当时的情况类似，也在经营一家他有权力押赌注的合伙证券公司。他决策的理论逻辑与集中投资的原则丝丝相扣。蒙格指出："早在60年代，我实际上参照复利表，针对普通股的表现进行各种各样的分析以找出我能拥有的优势。"他的结论是，只要顶住价格波动，拥有3只股票就足够了。

或许你也是属于善于处理波动变化的投资者，即便不属此类，你也可以学习他们的某些特点。你所要做的第一步是不断改变自己的言行及思维方式。获取新的行为和思维方式并非一蹴而就，当你渐渐地教会自己面对多变的市场，处变不惊、镇定应对，这是完全可以做到的。

运用全角度思维

其实，集中投资的基本原理早在 50 年前就由约翰·梅纳德·凯恩斯首先提出来了。巴菲特所做的，而且做得非常成功的是亲自实践了这一原理，然后才将它冠名。令人感到震惊的是：华尔街一向以自觉效法成功而著名，为什么至今仍对集中投资这一战略不闻不问呢？

毋庸置疑的是，集中投资战略与目前投资市场上占主导地位的投资方略有天壤之别。最简单的事实是他们的思维方式不同。

为了帮助我们了解这种思维差异，查理·蒙格使用了网格状模式这一强有力的比喻。

蒙格解释说，仅靠简单的数据事实的堆积，外加旁征博引是不够的。相反，智慧是事实的联合与组合。他认为获取智慧的惟一途径是将生活履历置于各种思维模式的交叉点上。他解释说："你必须在脑中形成各种各样的模式，你必须有各种各样的经历——不管是直接的，还是间接的——然后形成这个网格状模式。"

蒙格说，第一条要学的规则是必须在脑中形成多种模式。不仅需要拥有这些模式，而且需要从不同的学科去深入了解这些模式。一个成功投资者需要从多学科的角度去思维。

因为世界并不是多学科的，这种思维方式使你看问题的方式与众不同。蒙格指出，商业学教授一般不会将物理学原理放进他的授课之中，同样物理学教师也不会讲授生物学，生物学教师不讲授数学，数学家也极少在课程中讲授心理学。根据蒙格的观点，我们必须忽略这些"学术上的法定界限"，并将所有格状设计中的模式包括在内。

蒙格说："人类大脑必须以模拟状态运行是不可否认的事实。窍门在于你的大脑如何通过了解大多数基本模式，从而比别人的大脑运行得更好，使这些模式在单项工作中发挥作用。"

就蒙格而言，集中投资与目前广泛使用且颇为流行的投资文化是不完全相符的，这种投资文化建立在狭窄文化的几个模式之上。为了充分享用集中投资的好处，我们必须增加新的概念、新的模式以扩大思维。如果不了解心理学中的行为学模式，你对投资就永远不会满意。如果不了解统计学中的概率论原理，你将不会知道如何优选证券组合。只有在了解了复杂的适应性原理之后，你才会真正了解到市场预测的可笑之处。

对这些学科的了解不必是完全彻底的。蒙格解释说："你不必成为这些领域的伟大专家。你要做的只是接受一些真正重要的概念，尽早尽快地将这些原理学好。"他指出，令人感到兴奋的是，当你将不同的原理结合起来用于同一目的时，对不同学科的掌握使你可以高瞻远瞩。

集中投资者必须掌握的最复杂的原理是选股模式。我们许多人已通过《沃伦·巴菲特的投资战略》对此有所了解。我们还需添加一些简单的原理以完成我们所需的教育：了解如何将这些股票集中组合起来，如何管理这些证券使其在未来产生最大的回报。这两位思想家不仅为他们个人赢得了荣誉，也为他们的公司带来了荣誉。他们形容自己的公司为"通过一些重要概念的实际运用，来教会人们使用正确思维方式的教诲型公司"。

蒙格说："伯克希尔是一个非常传统的公司，我们尽力保持这种风格。这并不是说我们公司守旧迂腐，而是尽力遵守永恒的真理：基本的生活常识、基本的恐惧感、基本的人性分析，这使得我们对人的行为能进行预测。如果你能做到以上几点并遵守一些基本原则，你就会在投资业做得很好。"

Chapter 17 投资有长期投资价值的企业

一般股民，手上持有十多种以上的股票是很普遍的事。一些股民甚至持有三四十种股票。

为什么这些股民的做法与巴菲特集中投资的思想背道而驰呢？这实际上是他们追求"分散"风险的心理在作祟。但巴菲特没法接受他们的"明智"。毕竟，买对优秀公司而致大富的机会，都已被他们"分散"了，化为乌有了。

巴菲特采取的投资策略是真正的"投资"心态。这和做生意没两样。如果你的表弟要开家高级餐馆，叫你合股投资，或是新年同学聚餐会时，老王建议十多位老同学合股开家卡拉 OK 厅，叫每人投资 10 万元的话，你大半都会精打细算，问东问西，不把所有细节搞清楚之前绝不会贸然地把血汗钱投进去。

因此，如果我们能够学巴菲特那样，不要一直手痒而想要这里尝试一些、那里买一点，希望能够碰运气的话，反而要集中精神寻找少数几家非常优秀的公司，那么，我们就能够确保自己不随便投入资金，买入就连自己也不知道是否值得投资的公司。反之，我们会非常小心行事，就像在未能确保自己的表弟或同学的生意计划具有美好的潜能之前，不会投入任何一分钱那样。

只做少量的大笔投资

巴菲特四十多年的投资生涯，虽然很成功，但真正使他赚到今日财富的，却是由仅仅十多次投资决定的。他建议每个投资人都给自己一张卡片，上面只允许自己打 12 个小洞，而每次买入一种股票时，就必须打一个洞，打完 12 个，就不能再买股，只能持股。这种态度会使投资人从"玩票性质"转变成真正优秀公司的长远投资人。

巴菲特认为投资人应该很少交易股票，但一旦选中优秀的公司而决定买入之后，就要大笔买入。

巴菲特把选股比喻成射击大象。投资人所要选择的，是很大的大象。大象虽然不是常常出现，而且也跑得不是很快，但如果你等到它出现时才来找枪打，可就来不及了。所以为了等待和及时抓住这个机会，我们任何时刻都要把上了子弹的枪准备好。这就像投资人任何时候都要准备好现金等待大好机会的来临那样。比如在过去近九年来的美国股市飙升时期里，巴菲特就很少购入大笔的股票，反而让现金累积。

巴菲特认为经常交易对投资人并没有什么好处，只是养肥了证券商而已。他曾说过："如果你认为你可以经常进出股市而致富的话，我不愿意和你合伙做生意，但我却希望成为你的股票经纪人。"

巴菲特本身的投资，次数的确是很少的，但一旦投资了，就会是很大一笔。比如，自从 1960 年末全盘卖出手上的白银之后，巴菲特一直都在注意着国际白银的供需定律，看看有没有出现可以赚取市场错误标价的机会。尽管他 30 年来一直都在注意着白银的生产、供应和需求，但他却没有发现巨大的获利机会，因此 30 年来都没有任何举动。

直到 1997 年，巴菲特觉得机会来了。他发现，20 世纪 90 年代，每一年的白银产量都少于需求。简单地讲，白银不像金条那样主要是为了装饰使用，而是拥有一些很重要的实际经济用途，包括制造我们日常拍摄的摄影底片等。但问题是银一般却不是采矿者心目中的主要金属（因为不够经济），而是他们从地下采取其他金属（如金、铜等）时所取得的副产品。因此，就供应量而言，也就会受到其他金属供需情形的影响。比如，如果金条价格大跌、铜的需求大降的话，那么，这两种金属的采矿量将会减少，这也导致银的生产量相应下降了。问题是，银的经济用途是相当稳定的，因此这将会使银价因供应不足而上涨。但在 20 世纪 90 年代，巴菲特发现，国际市场银的供应商一直不停地消耗他们的存货，因而导致价格一直没涨。换言之，银的公开价格还未反映出实际上的供需定律情况。迟早这种"消费多过于生产"的现象，将会导致国际市场上银的存货被人掏尽，而银价必将反映出这个供不应求的现象。

这就是非常典型的巴菲特所谓"令人流口水的价格"的投资的大好机会。在看中这一点之后，巴菲特在 1997 年总共买下了超过 1 亿英两的白银，一夜之间，从 30 年来从未持有白银，摇身而成为世界最大的银主人。

随时随便买股是大忌

投资就像经济学那样，不完全只是一种科学，它同时也是一种艺术。如果谁认为可以把今日股市里的所有股票当成数学数字来计算就能够确保未来成为大富豪的话，几十年后的他将会大失所望！

股市里的条规是：每个投资人必须自己包办投资的风险。这是全世界投资册子里都写明的，只是一些投资人没吃过亏就不知道其中道理而已。

伯克希尔提供了一个不管经济好坏都能赚钱的投资渠道。伯克希尔的秘诀很简单：巴菲特为我们买入了不管经济好坏都能赚大钱的企业。既然企业赚钱，我们当然也就跟着赚钱了。三十多年来的伯克希尔投资成就摆在我们眼前，除非我们是瞎子，否则想不相信也很难。

但是，"随便买"能够确保的，不单单是让你坐上股市云霄飞车吓破胆得心脏病，而且也更命中注定你的投资成就一般。

而"随时买"，更是使你的成绩趋向一般。因为，这使你在股市偏低和偏高时，都有定期买入的现象。想想看，为什么巴菲特今天手里拿着总值近 400 亿美元的现金而还未投资！

买股票后长期持有

共同基金经理、大学教授的看法是，我们买入股票之后，不要卖，而是长期持有它。

单单是"长期投资"，在亚洲就不知害惨了多少散户股民。根据 1999 年初的《远东经济评论》报导，九个亚洲股市里，有八个国家的基金，在过去五年里非但没有赚钱，反而还将投资人的母金亏损掉不少。投资世界的一大特点是，如果输了20%，必须要赚回25%才刚好回本。如果是亏了50%，那就必须赚回100%才能回本了。这是投资人不可忽略的重点。

巴菲特也是鼓励投资人买入股票后应长期持有。但仔细注意听他所讲的，就会发现他讲这话时多加了两点。

这些公司必须是优秀的公司。全世界各地的基金经理随时都持有近百种（亚洲）甚至是上千种（美国）股票。试问：股市里，难道真的有那么多家优秀公司吗？巴菲特在马来西亚只发现一家值得长期持有的公司，在美国也只敢买入十多家。不要忘了马来西亚只有七百多家挂牌公司，而美国有一万多家。即使你没有像我这样超级保守，你也不会选到百家、千家的公司来投资吧？这种胆小、平均化，和买万字式的投资法，绝对不是成功投资家的投资概念。

只有在这些优秀公司继续保持之前我们看中的优秀状况，我们才好继续持有它们。这说明了投资不应是百分之百肯定永远优秀的。我们要一直不停地观察市场。比如巴菲特发现可口可乐在矿泉水饮料方面还未有积极发展，因此写了一封信给公司总部，希望能做这种改革。如果这个建议在未来几年内未被接受，而世界人口又渐渐地都喝矿泉水而大量减少喝可乐的话，百多年历史的可口可乐股票也应该卖出！

其实，就算是一家公司的基本优势还存在着，但如果发现还有一家竞争者也同样拥有这个优势，但股价只是它的一半时，则可以卖掉前者套利，而买入后者。巴菲特于1997年卖出大部分的麦当劳股票，买入另一家快餐业公司股票的例子就是明证。虽然巴菲特辩说这是两个不相干的买卖，他仍然觉得麦当劳是一家很优秀的公司，价格正确时可以买入，但也显示出交换行业股现象的存在。

如果我们发现股市里有两家几近同样优势的同行公司，股价相差不少，也不要感到惊奇。这可能是市场情绪使然，也可能是其中一家是指数成分股而另一家不是（很多基金必须买入指数成分股，因而标价较高）。两种情形都是理智投资人赚钱的机会。

伯克希尔其实就是一家市场标价偏低的公司。以它身为美国历史上长期取得突破性报酬率的纪录，今日的本益比是算很低的了。伯克希尔1999年初已是股东资金最大的美国挂牌公司，但就因为巴菲特和股东的反传统（交易量少，因为股东们都是长期投资人），因而还未被列入指数成分股而使得它的本益比较低。

美国多方预测，伯克希尔将会在5到10年里被列为指数成分股，这将会提高它的股价。但在今天这个本益比偏低的环境里，的确是卖出其他同样杰出（或较低报酬率）的公司，而买入伯克希尔的时候了。比如，卖出沃尔玛、可口可乐等股票，而买入伯克希尔。

Chapter *18*　巴菲特的系统性思考

　　如果你相信股票市场比你更聪明，你可以照着股价的变化投入你的金钱。但是如果你已经做好你的准备作业，并彻底了解你投资的企业，同时坚信自己比股票市场更了解企业，那就拒绝市场的诱惑吧！

对股票市场的每日涨跌置之不理

　　在巴菲特的办公室里并没有股票行情终端机。而且，没有它，巴菲特似乎也能轻易过关。打算拥有一家杰出企业的股份并长期持有，但又去注意每一日股市的变动，这是不合逻辑的。你将会惊讶地发现，不去持续注意市场变化，你的投资组合反而变得更有价值。如果你不相信这点，不妨为自己做个测验吧，试着不注意股价 48 个小时，不要看着机器，不要对照报纸，不要听股票市场的摘要报告，不要阅读市场日志，如果在 2 天之后你持股公司的状况仍然不错，试着离开股票市场3天，接着离开一整个星期。很快地，你将会相信你的投资状况仍然健康，而你的公司仍然运作良好，虽然你并未注意它们的股票报价。

"在我们买了股票之后，即使市场休市两年也不会有任何困扰。"巴菲特说。我们不需对拥有百分之百股权的喜诗或布朗鞋业，每天注意它们的股价，以确认我们的权益。既然如此，我们是否也需要注意可口可乐的报价呢，我们只拥有它7%的股权？很显然，巴菲特告诉我们，他不需要市场的报价来确认伯克希尔的普通股投资。对于个人投资者，道理是相同的。当你的注意力转向股票市场，而且在你心中的惟一疑问是"有没有人最近做了什么愚蠢的事，让我有机会用不错的价格购买一家好的企业"时，你已经接近巴菲特的水准了。

不为经济形势所烦恼

投资人时常以一个经济上的假设作为起点，然后在这完美的设计里选择股票。巴菲特认为这个想法是愚蠢的。首先，没有人具备预测经济趋势的能力，同样地对股票市场也无预测能力。其次，如果你选择的股票会在某一特定的经济环境里获益，你不可避免地会面临变动与投机。不管你是否能正确预知经济走势，你的投资组合将视下一波经济景气情况如何而决定其报酬。巴菲特较喜欢购买在任何经济情势中都有机会获益的企业。当然，整个经济力量可以影响毛利率，但是整体看来，不管经济景气情况如何，巴菲特选择的企业都能够得到不错的收益。选择并拥有在任何经济环境中都获利的企业，可以在任何时间获利；而不定期地短期持有股票，只能在正确预测经济景气情况时，才可以获利。

买下一家公司而不是它的股票

假设你现在必须做一个非常重要的决定，明天你就会有机会选择投资一家企业。假设一旦你做了决定后将无法改变，此外，你必须持有这个投资 10 年。最后，因为拥有这个企业的所有权而产生的财富，将会随着你结束股份持有而归于你的名下。现在，你打算考虑些什么？大概会有许多问题闪过你的脑海，刚开始会招来很多的迷惑。但是，如果把相同的测验留给巴菲特，他会非常有系统地思考一些问题。如下表所示：

	原则 1：选择简单、易了解的企业
企业方面的思考	原则 2：有稳定的营运历史
	原则 3：有美好的长期发展前景
	原则 4：有理性的经营者
经营方面的思考	原则 5：对股东诚实的经营者
	原则 6：不会盲从其他法人机构的经营者
	原则 7：把重心集中在股东权益报酬率上
	原则 8：计算"股东盈余"
财务方面的思考	原则 9：寻找高毛利率的公司
	原则 10：对于保留的每一块钱盈余，确定公司至少已经创造了一块钱的市场价值。
股价方面的思考	原则 11：确定企业的价值
	原则 12：以显著的价值折扣收购企业

原则 1：选择简单、易了解的企业。

你无法对企业的未来做出聪明的预测，除非你了解它如何赚钱。

原则 2：有稳定的营运历史。

如果你打算将你家庭的未来投资于一家公司，你有必要知道该公司是否能够经得起时间的考验。你不大可能将自己的未来下赌注于一家没有经历过不同的经济循环的缺乏竞争力的新公司上。你应该确认你的公司已经步入轨道。

隔一段时间，你就该验证该企业的能力能够赚得显著的利润。然而，公司会有一般的利润中断期，像威尔斯法哥和CEICO，但仍然有稳定的营运历史。通常这个中断时期会提供给投资者一次机会，以一个特别低廉的价格购买到好的企业股票。

原则3：有美好的长期发展前景。

最值得拥有的企业，是有长期远景，且拥有市场特许权的企业（产品有独占性及差异性）。市场特许权是指销售产品或者顾客需要或想要的服务，市场中没有类似的替代品，但是它的利润并不稳定。市场特许权也持有大量经济上的商誉，公司比较能抵抗通货膨胀的影响。最不值得拥有的企业是商品企业。商品企业销售的产品或劳务与竞争者没有差别，商品企业几乎没有任何经济上的商誉，惟一的差异就是价格。拥有一家商品企业的困难是，有时候竞争者会以价格为武器，以低于企业的成本销售产品现象，来暂时吸引顾客，希望他们能因此保持忠诚。如果你的竞争对手，经常以低于成本的价格销售产品，你就完蛋了。

一般而言，大多数企业是介于两者之间：他们不是拥有弱势特许权，就是强劲的商品企业。长期来看，弱势特许权比强势的商品企业更有获利的希望。即使是弱势特许权仍然有一些定价的能力，可以使公司赚得比平均投资报酬率更多的利润。可口可乐在美国被视为是弱势特许权，但是在国际上，特别是在没有类似替代品的市场上，可口可乐有强势的特许权。吉列和可口可乐有相同性质的特许权。

相反，一家强势的商品企业，只有当它是最低成本供应者时，才可能赚得平均水准之上的报酬。GEICO、弗瑞迪·麦克和威尔斯·法哥在商品市场中经营，而产生高于平均水准之上的报酬，是因为它们保持低成本的供给者地位。特许权的一个优点在于特许权能耐久经营，没有竞争力还是能够生存，然而商品企业如果经营无能却是致命的弱点。

原则4：有理性的经营者。

既然你不需注意股票市场或经济情势，就注意你公司的现金吧！经营者如何投资，决定你是否将会在投资上得到适当的报酬。如果你的企业能产生比需要维持营运更多的现金，这就是你所想要的企业类型，密切地观察那些经营者的行动。理性的经营者只会把多余的现金，投资在那些产生较资金成本报酬率更高的计划里。否则理性的经营者将会借由增加股利发放和买回股票，将盈余归还给股东。缺乏理性的经营者却不断地寻找花费多余现金的方法，而不把钱还给股东。当他们的投资报酬率低于资金成本的时候，他们的作为终究会被揭发出来。

原则 5：对股东诚实的经营者。

虽然你可能没有机会坐下来与你企业的董事长或总经理说话，但是你可以借着他们和股东沟通意见时，了解他们的为人。经营者在向你报告企业的进展时，是否能让你了解每个营业部门是如何营运的？经营者是否像他吹嘘自己的成功一样坦承他的失败？最重要的是，经营者是否直截了当地表示，他主要的目的是使股东权益报酬率达到最大？

原则 6：不会盲从其他法人机构的经营者。

一股看不见的强大力量使得经营者失去理性而采取行动，而且剥夺公司股东的利益。这一股力量来自盲从法人机构的经理人，不论他们的行动可能是多么荒谬。当心那些会以"其他的公司也这么做，没有问题"的逻辑来替自己的行动作辩护的经营者。衡量经营者竞争力的一个方法是，看他们如何动用自己的思考能力以避免从众心理。

原则 7：把重心集中在股东权益报酬率上。

大多数的投资人借着系股盈余来判断公司年度的绩效，看看它们是否创下纪录或较上一年度有显著的进步。但是既然公司借着保留上年度盈余的一部分，来不断增加公司的资本，盈余的成长（自动增加的每股盈余）就显得毫无意义。当公司高声宣布"每股盈余破纪录"的时候，投资人就会被误导而相信经营者一年比一年表现更好。衡量每年度绩效的一个比较真实的方法是：股东权益报酬率——营运收益与股东权益比，因为它已考虑了公司逐渐增加的资本额。

原则8：计算"股东盈余"。

企业产生现金的能力决定了它的价值。巴菲特找那些产生超过营运所需现金的公司，而将不断消耗现金的公司排除在外。但是在决定一家企业的价值时，很重要的一点是要了解到，并不是所有的盈余都是在平等的基础下创造出来的。有高固定资产的公司，相对于固定资产较低的公司，将需要更多的保留盈余，因为盈余的一部分必须被提拔出来，以维持和提升那些资产的价值。因此，会计盈余需要被调整以反映公司产生现金的能力。

巴菲特提供一份较为正确的计算方式，他称之为"股东盈余"。决定股东盈余的方法是将折旧、耗损和分期摊销的费用加上净利，然后减去那些公司用以维持其经济状况和销售量的资本支出。

原则9：寻找高毛利率的公司。

高毛利率反映出的不只是一家壮大的企业，同时也反映出经营者紧抓不放控制成本的精神。巴菲特欣赏注意成本观念的经营者，而憎恶放任成本不断扩大的经营者。股东也间接获得那些企业的利润，而企业不理智花费的每一块钱，都将剥夺股东的利润。多年来，巴菲特已经观察到有高营运成本的公司，通常会寻求维持或补贴这些成本的办法。而低于平均成本的公司，则多半自傲于它们自己能够找到削减支出的办法。

原则 10：对于保留的每一块钱盈余，确定公司至少已经创造了一块钱的市场价值。

这是一个便捷迅速的财务检测，它不只会告诉你企业的优势，同时也让你知道经营者如何理性分配公司的资源。公司的净收入减去所有支付给股东的股利，所剩余的就是公司的保留盈余。现在，再加上十年来这家公司的保留盈余。下一步，找出公司目前的市价和它十年前市价的差价。如果你的企业在这十年之间的保留盈余转投资毫无生产力，市场最后将会给这个企业定出低价的价格。如果市场价值的改变小于保留盈余的总和，这家公司便走上衰退的道路了。但是如果你的企业已经能够赚得较平均水准为高的保留盈余报酬率，企业市场价值的上涨利润应该会超过公司保留盈余的总和，如此每一块钱都能创造出超过一块钱的市场价值。

原则 11：确定企业的价值。

评估企业价值的方法是在企业的生命周期中预测将会产生的现金流量，以适当利率加以折现成现值。企业的现金流量就是公司的股东盈余。借由测量一段长时期的股东盈余，你将会了解它们是否正持续以某平均成长率增值，或只是在一些固定价值之间徘徊。

如果公司的盈余上下波动，你应该以长期利率计算出这些盈余的现值。如果股东盈余出现一些可预测的成长模式，贴现率可随此成长率减少。对公司未来的成长率别过度地乐观。对该公司未来的成长最好使用较为保守的估计，而不要狂热地过度膨胀企业的价值。

巴菲特使用 30 年期的美国政府公债利率，将预期的现金流量加以折现。对于这个利率，他并不加上风险溢酬。然而，当利率下跌的时候，他将会慎重地调高折现率。

原则 12：以显著的价值折扣收购企业。

一旦决定了企业的价值，下一个步骤是注意价格。巴菲特的原则是，只有在某企业能以显著的折扣购得时，他才会买下它。巴菲特只在这个最后步骤，才注意股票市场的价格。

计算一企业的价值在数学上并不复杂。然而，问题发生在分析师会错估一家公司未来的现金流量。巴菲特以两种方式处理这个问题，首先，他借着只盯住具有简单和稳定特性的企业，来增加他正确预测未来现金流量的机会。其次，他坚持他购买的每一家公司的购进价格和他计算出的企业价值之间一定要有安全边际。这个安全边际的缓冲效果将会保护他，不受到公司未来现金流量变动的影响。

Chapter *19*　寻找卓越的 "过桥收费" 企业

　　巴菲特的投资策略中，找寻已有"过桥收费"概念的卓越企业，就是他成功运用选股准则的生动体现。那么什么样的企业才算得上是绩效卓越的"过桥收费"企业呢？基本上，这类企业有三种形态。

第一类 "过桥收费" 企业

　　这类企业的特点是：能生产使用率很高且耐久性短的产品，但这些产品多半是耳熟能详的消费性品牌，所以商家也都必须销售这些商品，以维持基本营业量。

　　相对于制造厂商（如可口可乐），一般的商家（如地方上的超级市场）借着压低进货价格，赚取买卖价格间的差价创造利润。如果有许多厂商，商家可货比三家，找最低价的产品进货。然而，如果某产品只有一个厂商时，商家则没有杀价的空间，因此价格优势属于厂商所有，也就是说，此厂商有较高的利润。

另一点该注意的是，当许多商家需要同一种产品，而又只有一家厂商供应货源时，商家彼此会产生价格竞争的情况。因此，不同的商家虽然削价竞争，但厂商仍对所有的商店收取相同的价格。故价格竞争损失的是商家而非厂商的利润。

企业生产使用率高，耐久性短的产品，但这些多半是耳熟能详的消费性品牌。事实上这就是"过桥收费"的概念。消费者需要一个独特品牌的产品，如果商家要赚取利润，就必须满足消费者的需要。关键就在只有一家厂商、一座桥，如果你想要品牌产品，你就必须付给厂商"通行费"。

第二类 "过桥收费" 企业

这类企业的特点是：能提供反复性的服务的传播事业，也是厂商必须利用来说服大众购买其产品的工具。

巴菲特发现广告形成桥梁概念联系厂商与潜在消费者，厂商为了创造需求必须做广告，我们也可以称这样的广告为"收费桥"。这座"收费桥"让广告代理商、杂志发行人、报纸及全世界的电信网络等获利。

在美国只有三大电视网的时代，每一家电视网都赚翻天，看到这样的获利，巴菲特便投资资本城（Capital Cites）及 ABC 电视网。而现在已有 67 个频道，三大电视网虽仍获利丰硕，但已不像当时是仅有的少数"收费桥"。

相同的状况也在报业发生。一个大小适中的城市有一份当地报纸，该报获利颇高，若增加一位竞争者则可能两者都做不好，《水牛城晚报》就是巴菲特所经历的实例。当有一个竞争者加入时，两者获利充其量只是一般水准，但当竞争者退出，《水牛城晚报》又成为所有厂商刊登广告的惟一重要平面媒体。因此，它是厂商与商家过河惟一的桥梁，即使收取超额的过桥费也不怕客户流失。

世界级的广告代理商也能享受高的股价获利，这些代理商在全世界许多国家代理相同品牌的广告，其获利受惠于该品牌行销全球的优势。如果这些跨国企业的其中一个要在全球推出新宣传活动，就必须利用像大众互动这种的广告代理商，这家全世界第二大广告公司，因此而成为消费者的"收费桥"，因为这个跨国企业厂商必须通过大众互动公司过河。这是巴菲特买下大众互动广告公司 17% 的股份时的推理过程。

第三类 "过桥收费" 企业

这类企业的特点是：能提供一般大众与企业持续需要的重复消费服务的企业。

不仅是产品，服务一样也有"收费桥"的利润，这里所指的服务可以由非工会人员提供，他们拥有专业领域的技术，被聘用在需要的基础上。这些企业包括：杀虫公司、专业清洁公司、家政服务及除草服务公司。罗林公司就是欧肯公司的母公司，罗林是全世界最大的杀虫公司，该公司也提供家庭及企业安全管理服务。我们都知道在报税时节，H&R布拉克公司可以提供填税单服务。这些专业服务性公司的股价都有高投资报酬率。

巴菲特的"收费桥"企业也包括信用卡业，其中包括已投资的美国运通卡公司及"探索卡"公司。每一次你使用这些卡的时候，发卡公司会向所消费的公司收取刷卡费用，如果你没有在付款期限内缴纳刷卡消费金额，你也会被发卡公司罚钱。这些数以百万计的小笔交易构成信用卡业的过桥费获利基础。

这些公司获利的关键是他们提供必需的服务，且提供训练精良的人力，而每一笔支出不大。此外，这些公司的管理是在工作需求下调派员工，因此没有闲置人力。举例来说，公司用 8 美元一小时聘请一位安全人员，经过几小时的训练，然后收取对方每小时 25 美元的费用，而当工作一旦结束，公司自动解退员工不需付费。同时，这些公司不需要花费太多钱及精力在提升及研发产品上，而且可以把盈余直接用来扩充公司的营运、现金方式配发股利或在市场买回自家股票。

Chapter 20 在公司危机时投资

20 世纪 60 年代末期，他在美国运通银行发生色拉油丑闻事件后，出资吃下该银行的股份；70 年代，他买下了 GEICO 这家公司；90 年代初买下了威尔斯·法哥银行。

要了解巴菲特这么做的动机，必须记得格雷厄姆所说的，市场上大多充斥着抢短成进出的投资人，而他们为的是眼前的获利。这是说，如果有某间公司正处于经营的困境，那么在市场上，这家公司的股价就会大跌。格雷厄姆认为，这是投资人进场做长期投资的好时机。

美国广播公司在 1990 年就面临了这个问题。当年由于经济不景气，该公司宣布它 1990 年的净利大致和 1989 年的净利一样。在此之前，市场上的看法认为该公司的每股盈余应该增长 27% 左右。这个消息一经公布，在 6 个月内，该公司股价从每股 63.30 美元跌落到每股 38 美元，跌幅约为 40%（在 1995 年美国广播公司同意和迪士尼公司合并，市场上立即反应，使美国广播公司的股价上涨至每股 125 美元，如果在 1990 年，某人以每股 38 美元买入该股，并在

1995 年以每股 125 美元的价格卖出，每股获利为 87 美元，换算成税前的年复利报酬，约为 26%）。

同样的状况可能发生在银行业，某年度利率的改变会影响银行的营收和获利；不动产市场的景气循环也会对银行界造成影响，经过一段时期的不景气，随之而起的，可能是不动产业界的大幅扩张，但是全面性的经济不景气，对各种银行的影响程度不一。对大型的行库而言，其受到冲击的程度，远比地方型的小银行严重得多。

大型行库在整个商业体系和经济社会中扮演重要的角色。除了和成千上万的个人和企业有业务往来之外，这些大型行库对小型行库而言，也扮演资金融通的角色，实属银行中的银行。他们可以直接向美国财政部购买公债再转售给其他银行或机构。在美国联邦储备银行眼中，这些大型行库是金融体系的重心，一旦发生任何经营不善的问题，所波及的范围将会牵连甚广。因此，联邦储备银行会尽全力要求其他大型行库将经营不善的行库加以购并，以防风暴愈演愈烈。然而，在经济萧条之际，所有的银行都或多或少会发生经营上的问题，此时，联邦储备银行可以做的就是放松银根（即货币供给），并尽可能协助大型行库正常营运。

大多数的民众并不清楚银行间彼此的借贷状况，事实上，联邦储备银行扮演着"融通窗口"的角色，允许其他银行以便宜的资金借款来协助自身营运。在寻常的营运时期，如果有某家银行向联邦储备银行申请借贷资金过于频繁，就会受到相关银行法规的限制。但是面临全国性的经济萧条，惟有联邦储备银行这个融通窗口是惟一一个可以协助并确保大型行库维持正常营运的地方。

在全面性的经济萧条形势下，虽然没有企业不受到伤害，但是经营体质强韧的公司和不堪一击的公司却很容易在这场战役中分辨出来。在美国西海岸，有一家财力雄厚、营运良好也最保守的银行，就是全美排行第七大的银行——威尔斯·法哥。

在 1990 年和 1991 年，由于房地产的不景气，威尔斯银行在不动产贷放业务上出现 13 亿美元的账面损失，并相当于每股净值 53 美元中的 25 美元。所谓账面损失，并不一定代表这些损失已经实现或者将来会发生，而是表示银行必须从净值里提存这笔金额，作为应付将来损失发生时的准备金。

也就是说，万一这些损失已确定发生，就必须从每股净值中取出 25 美元来支应，所以该银行的净增值会从每股 53 美元减少为每股 28 美元。为了提存这些损失准备，几乎把该银行在 1991 年的盈余全数耗尽，导致当年该银行的净利只有 2100 万美元，约为每股盈余 0.04 美元。

由于威尔斯·法哥在 1991 年基本没赚什么钱，市场上立即对该银行的股价做出反应，每股从 86 美元跌到 41.30 美元，跌幅 52% 左右。这时巴菲特却进场买进该公司 10% 的股份（约 500 万股，平均价格每股 57.80 美元）。

巴菲特眼中的威尔斯·法哥银行是全国经营最良好、获利最佳的银行之一，但是该银行在未上市时的股价却远低于那些和威尔斯·法哥并列同级的银行。在加州有许多居民、企业和许多其他的中小型银行，而威尔斯·法哥所扮演的角色，就是和其他的大型银行竞争，提供给上述居民、企业相关的金融服务，好比存款、汽车贷款、房屋贷款等，或是对其他中小型银行做资金融通，借由以上的服务，来赚取利润。

实际上，威尔斯·法哥银行所提列的损失并不如预期的严重。经过 7 年后，也就是在 1997 年，它的股价已经上涨到每股 270 美元。巴菲特的这项投资，为他赚进了约 24.6% 的税前复利报酬率。

Chapter *21*　如何投资科技公司

由于伯克希尔公司不拥有科技股，很多人就认为科技股作为一个整体不能以十足的把握用巴菲特的方法分析，否则巴菲特早就这样做了。

这是不对的。

巴菲特时常提到"能力循环"。以比尔・盖茨及他不可思议的公司——微软为例，巴菲特会说盖茨可能是今天商业界最聪明及最有创意的经理人，他的公司棒透了。然而，巴菲特说他不能非常放心地预估微软公司的未来盈余。因此，他无法计算微软的未来价值。如果巴菲特不能放心地计算这个科技公司的未来价值，这个企业将不会列入巴菲特的"信心循环"，而他也将不考虑投资这个企业。

巴菲特承认他对分析科技公司不在行。在 1998 年伯克希尔的年会上，他被问及是否考虑过在未来的某个时候投资于科技公司，他回答说："这也许很不幸，但答案是'不'。"巴菲特继续说："我很崇拜安迪・格鲁夫和比尔・盖茨，我也希望能通过投资于它们，将这种崇拜转化为行动。但是一旦涉及微软和英特尔的股票，我不知道世界会是什么样。我不想玩这种别人拥有优势的游戏。我可以用所有的时间思考下一年的科技发展，但不会成为这个国家分析这类企业的行家，第 100 位、1000 位、10000 位专家都轮不上我。许多人都会分析科技公司，但我不行。"

这种观点得到查理·蒙格的响应。

"我们没有涉足高科技企业是因为我们缺乏涉足这个领域的能力。低价科技股的优势在于我们很了解它们，而其他股票我们不了解，所以我们宁愿与那些我们了解的公司打交道。我们为什么要在那些我们没有优势而只有劣势的领域进行竞争游戏，而不在我们有明显优势的领域施展本领呢？"

于是，许多年来，增值投资者错误地躲避着科技股，因为巴菲特在这个领域缺乏动作。他们错误地认为他们无法分析这一新兴领域。现在他们发现他们已被一群才华出众的竞争者远远地甩在曲线的后面。

比尔·米勒解释说："多数增值投资者都依赖历史资料来评估股值，并决定股票适时的价位高低。然而，如果投资者仅用历史资料的方法，他们的评估就依赖于当时的背景情况。"

换句话说，历史评估模式只有在未来情况与过去的情况相同的条件下才起作用。米勒说："增值投资者面临的问题是，在很多方面未来与过去不同。而且很重要的一点是，这种不同的最主要方面是科技在社会中的角色不同了。"米勒继续说："事实上，我认为在很多情况下，科技公司与巴菲特的投资样板结合得恰到好处。这个样板模式是一个真正的工具箱，它帮助你磨炼你的选股分析能力，从而在众多潜在的可投资公司中，选出最有可能在长时间里带来高于平均值回报的公司。"

从这个观点出发，我们看到很多科技公司都具有巴菲特最崇尚的经济特点：高利润额，高资本回报率，将盈余重新投入高增长企业的能力以及以股民利益为重的管理方式。我们感到困难的是估算企业未来的现金流量，并折算从而估算企业的内在价值。

多数人在试图评估科技公司时遇到的问题是未来的远景太不肯定，所以必须设想出好几种结果而不是一种。这会对长期投资的未来收益产生很大的偏差。然而，如果你对关心的公司进行一些关键领域的深层挖掘——潜在内场规模、理论概率、竞争地位，你会明白究竟是什么动因产生了不同的远景，这就会降低不确定性。我们仍会创立现金流动模式，但我们经常会使用几种评估模式，而不是一种。

拉普阿诺说："而且，科技是未来经济增长的真正驱动力。许多科技公司在市场上是赢家，产生了超出其规模的回报。我们发现多层分析方法得到了回报，我们可以在这类公司中找到比在别的地方多得多的投资回报，尽管连高额不定因素也考虑在内亦是如此。"

我们已知道沃伦·巴菲特在评估公司时是如何对付风险因素的。他一般要求留有较大的安全边际。这是对付未来不明确的风险公司的最好战略，例如科技公司。另一个好的战略将对科技公司的购买与一个稳定、高度可靠公司的购买相结合。

当我们刚开始学习巴菲特的专利现金流通模式时，必须脱离格雷厄姆的低价格与收益比和折算为账面值的思维模式。那时我们有很多新术语、新定义要学习，还要以一种新的方式来看待财务报表，理解股息折现模式。学习技术也需要进行同样的观念转变。我们将不得不学习新的词汇，新的经济模式。我们还要用不同的方式分析财务报表。但最终这种学术挑战并不比当初我们脱离传统增值投资方式转向巴菲特的现代投资模式更难。增值投资以仅购买廉价股为特征，而巴菲特的方法则是以低价购买绩优股。

米勒说："这与任何新的东西一样，你必须花费时间去了解它。"米勒指出，巴菲特和彼得·林奇都曾说过学习不过是注意观察你周围发生的事情。"的确，人们仍在购买可口可乐、吉列刀片，仍在使用美国运通卡，但他们也使用美国在线、微软软件并购买戴尔计算机——这是无处不在的现象。"

Chapter 22　　如何投资优秀而庞大的私人企业

如果遇上一家优秀的公司，最好当然是能够把整家企业买下来。巴菲特投资的第一个选择是寻找那些优秀且庞大的私人企业。

但这种优秀的私人公司毕竟很罕见。巴菲特就此也转向股市里寻找同样优秀的挂牌公司。

在此，巴菲特觉得他就会扮演小股东的角色。因为他发现在股市里收购整家企业，通常都会因多个收购者之间竞争而炒高价格，即使买到了也不合算。他发现，反而是等待"股市把股票交给你"才是投资的上上之策。

从他的投资经验中，他发现他在股市里可以静悄悄地以小股东身份购得平常收购价半价的股票。巴菲特收购别家公司之后不会要求换人管理，反而是看中这些优秀经理人才买入的。所以，既然都是争取到相同的股利利益，为什么还要花费双倍的价格去全盘收购人家呢？

巴菲特从第一家买入的公司（白沙纺织厂）经验中学到一个很重要的教训：最好的公司就是不需要增加投资的公司。

巴菲特发现，很多企业虽然赚钱，但所赚到的盈利却在不停地投入公司里，用来增添设备器材等。这种企业，等到竞争力不够时，多年累积的盈利都要泡汤。

即使是永远能够保持竞争力，这种企业的投资报酬率也不会使我们大富。因为，这些公司的盈利虽然每年都在增加，但这增加却是因为资金的增加促成，就像银行定存里的利息（盈利），如果我们永远不将利息拿出来，那我们的盈利每年都在增加，虽然利率没有改变。

真正能够使我们大富的，是那些能够不停地增加企业盈利，但却不需要增加投资的公司。

伯克希尔早期所买入的私人公司都是这一类的公司，包括报馆、家具店、糖果店等。且让我们拿一个例子来清楚地说明巴菲特的经商精神。巴菲特称他对现金投资和报酬率的看法为"现金对现金"的投资法。

当年伯克希尔以 5500 万美元买下 NFM 家具店 80% 股份时（另外 20% 由创办人家族持有），它的常年营业额是 1 亿美元。也就是说，伯克希尔以 55 分买下 80 分的营业额。这和巴菲特所反对的电脑科技股今日以营业额百多倍价格交易的情形，成一大对比。

但投资是购买未来，今日价格便宜并不能确保明日的胜利。且让我们继续算下去。

买入后的第一年，NFM 就赚了 1450 万美元。这意味着伯克希尔的应得部分是 1160 万美元。这是超过 21% 的首年报酬率！这笔现金盈利 NFM 交给了伯克希尔，每年如此。

接下来的 10 年里，NFM 的盈利每年增加，第 10 年的盈利（伯克希尔部分）是 2154 万美元，这是当年投资金额的 39%。39% 的确是很高的投资报酬率。

也许有人会问：你怎么可以拿 10 年前的投资金额来谈呢？

不要忘了，NFM 每年都把公司盈利交给巴菲特拿去投资，所以营业额和盈利的成长都不靠额外的资金。巴菲特发现近乎所有的大公司多年来盈利之所以增加，就是因为把盈利加入公司再投资。他说有些主管人员还不明理地炫耀说在他们主管下营业额和盈利增加了多少多少。巴菲特认为这不稀奇，在银行开一个储蓄户口，不要把利息拿出来，让它和本金一起滚，也能够达到相同的效果。

Chapter 23   千万别投资产品价格可能惨跌的公司

前面说到巴菲特不投资电脑科技行业，我们现在来看看吉列刮胡刀推出新产品的情形，然后对比电脑产品的现象。

不相信这种依靠"便宜的东西"致富的读者，可以看看吉列刮胡刀推出新产品的情形，然后对比电脑产品的现象。

每次当吉列公司研发出一种新产品而造势推出时，吉列就会把它的价格定在比先前最高品质的刮胡刀高出 50% 左右。为了避免这个价格差异吓倒忠诚的原有顾客群，吉列在推出新产品时，同时也会把旧有的产品价格推高，尤其是先前最高品质的那种。比如，当吉列推出相当轰动的 MACH3 时，就采取了这个策略。这个策略使更多的顾客抢购吉列的最新产品，因为价格相差不很大。但同时，旧有的那些产品也会因调高了售价，而使公司享受到更高的利润。

但在电脑产品方面，这种现象却是相反的。每次推出新一代的模式或同代但更新的产品时，先前最新模式的产品价格就会直线下跌。更糟的是，一般的观察是，在新产品还未推出之前几个月里，只要风声流传于市场上，就会导致旧式电脑价格往底部掉下去。既然最新的电脑即将推出市场，干吗还要购买旧型的？

消费者从购买经验或观察中发现，电脑硬件产品是越来越便宜的。相同的模式，会因为科技的日新月异而降低受欢迎程度，进而导致价格大泻。电脑产品，不论是软件还是硬件，传统上，新式的产品会使旧型的产品变得几近一文不值。试想，现在还有谁要使用386，甚至是486型电脑？这些电脑实际上还是和先前刚刚推出时一样，能提供相同素质的应用功能，可惜的是电脑通讯的科技已经进步，而随之而来的资讯爆炸，使得旧型的电脑虽然还能扮演类似几年前风光一时的角色，但其功能已经不足以应付今日社会之需求。这和吉列刮胡刀的情形，完全相反。

当吉列推出新产品之后，虽然有很多向来在使用最高品质吉列产品的消费者，会转换去买最新推出的刮胡刀，但还是有很多会继续使用先前是第一、现在是第二高品质的刮胡刀。毕竟，这个排名第二高品质的刮胡刀，还是一样具备它先前的功能，而消费者还是一样能够取得刚刚开始还用它时的满足感。但股东们应该晓得，这些次高的产品价格却已经提高。吉列不必学电脑公司那样，为旧型刮胡刀减价，反而是比通膨率更快地上升。在生产科技的效率化之下，旧型刮胡刀的利润空间将会提升。

简单地说，刮胡刀新产品出来之后，还是有人会用不算太旧的款式产品。但电脑产品新的一出，旧的价格就要大跌了。这绝对不是电脑公司股东想要看到的情形，而是因为整个市场情况不同。如果你不为公司引进更新款式的电脑，这将是一种企业自杀行为。但引进新产品后，也就必须面对巨大的竞争压力。明显地，这是吃力不讨好的工作，尤其是在每个国家的政府都在积极鼓励投资于科技行业的时候，因为这种鼓励往往就是利用纳税人的钱来补助这些事业，因而形成更为激烈的竞争现象。

不要忘了，生意和投资是完全一样的道理，最赚钱的就是竞争最少的行业，或是别人不能够有效地竞争的行业公司（比如吉列和可口可乐）。

Part

04

投资忠告

Chapter *24* 巴菲特的投资心理学

巴菲特认为，一个投资者要想成功，必须符合以下 6 个条件：

（1）必须有工作激情，但不能贪心过重，同时对投资的过程很入迷。

（2）必须有耐心。

（3）必须善于独立思考。

（4）必须有安全意识。有来自于知识的自信，不草率行事，不固执己见。

（5）承认对某些东西不懂。

（6）依照所购买的企业的类型，灵活地进行投资，但永远也不要以高于内在价值的价格来买。

巴菲特建议，比起每股收益来，应该更加重视每股资产收益率，收益也就是由此而来的。每股收益和收益增长是可以通过人为操纵的，但整个资本的收益率是很难做手脚的。

巴菲特有一条理论：如果你预计未来短期无息国库券的平均收益是11%，道·琼斯则等同于账面价值；如果你预计的平均收益是 8.5%，道·琼斯则为账面价值的 1.5 倍；如果你的预计是 5%，道·琼斯则为账面价值的近 2 倍。当然，其中的诀窍是对未来的平均利息率要有一个合理和正确的估计。

巴菲特相信，没有人愿意老是去卖空，但如果有人这样做，那最好是卖空整个市场——各种市场股票——而不只是那些自认为价值过高的股票，这种做法 4 次中有 3 次是有用的，但第 4 次由于投资大众的追捧，高价位的股票被炒上了天，这时候他就急得只想自杀了。至于巴菲特本人，则对卖空毫无兴趣。

巴菲特说，他从来没有看到股票的市场价格能够长时间偏离其内在价值。他倾向于在股市疲软时购入股票，如果自己买的股票涨幅达到了第 8 位，那他就会停下来重新考虑一下。

根据行为学和心理学的观点，人遭受损失时产生的痛苦远远大于获得收益时产生的欢愉。大量的试验均表明，人们在面对失败等负面影响时需要两倍以上的诸如成功之类的正面影响才能抵消过去。在一个 50∶50 的赌注中，如果机会绝对相等，人们就不会轻易冒险，除非潜在收益是潜在损失的两倍之上。

这就是不对称的趋利避害心理：局势不利比局势有利具

有更大的影响力，这是人类心理学的基本原理。将此原理应用于股市，就意味着投资者损失钱的难受程度要比因选择正确而赚钱的高兴程度大过两倍。这个思维逻辑也可从宏观经济理论中找到证据。在宏观经济中，经济高涨期间，消费者一般每创造 1 美元的财富就增加购物 6 美分，但在经济衰退期间，消费者在市场上每损失 1 美元就减少消费 35 美分。也就是说，损失对消费者的边际消费的影响要大大超过收益。如果我在股市上损失了 1 美元的收益，那我就会减少消费 35 美分，而我若赚了 1 美元，我只会增加 6 美分的消费。这就是为什么人们对痛苦往往难以忘怀，而对快乐总是过后就忘的原因。

对损失的躲避心理反映在投资决策上，其影响是显著而深刻的。我们都指望自己做出的是正确的决策，但实际上我们谁都没把握。于是，我们宁愿相信自己，为坚持相信自己的看法是正确的，我们总是抓住自认为正确但实际上是错误的选择紧紧不放，总希望有一天会时来运转，让事实证明自己的决策是正确的。如果我们不卖掉会产生损失的股票，我们永远也不需面对我们的失败，但我们又总想很快就证明自己是正确的，于是我们就会在持有与抛出之间痛苦地犹豫不决。

躲避损失心理还使投资者过度保守，因为我们会犹豫不

决，最后可能就是消极地持有。比如参加退休基金账户计划
的那些人，他们的投资期为10年，却仍将他们资金的30% ~
40%投在债券上。这是为什么呢？只有严重的躲避损失心理
才会使人如此保守地分配自己的投资基金。躲避损失心理也
会产生极其深刻的影响，它会使你毫无道理地抓住明明是亏
损的股票不放。没有谁愿意承认自己犯了错。但如果不将错
误的股票出手，那你实际上就放弃了你能再次明智投资并获
得利润的机会。这是多么无奈的一件事情，让我们在以后好
好注意这一点吧！

巴菲特曾忠告所有的投资者："胆大心细，这就是做成
任何一件事情的法宝，投资当然也不例外。我们不要想着去
预测或控制投资的结果。实际上，人的贪欲、恐惧和愚蠢是
可以加以预测的，但其后果却不堪设想，更难以预测。"

巴菲特认为所有投资行为心理学的因素聚合在一起，反
映在人身上，就是对风险容忍的程度，就如同一块强大的磁
铁将周围的金属物质都吸附在自己身上一样。金融投资心理
学的概念是抽象的，但在你每天做出买卖决策时，这些概念
就变得真实而具体起来。而将做出的所有决策贯穿起来的因
素，就是你对风险的感知程度。

在过去的十几年里，投资专业人士投入了大量的精力，
帮助人们分析他们对风险的容忍度。证券代理商、投资咨询

顾问、金融规划者们都观察到了每个个体行为的不断变化。当股价上扬时，投资者大胆地向股市里增加投资；而当市场回落时，他们又将投资调回到固定收入的证券上。一夜之间，投资者会戏剧性地改变他们的投资组合，卖出股票而买入债券或其他固定收入的证券。这种来回在激进与保守的投资者角色之间反复折腾的现象，激发了人们对风险容忍度的研究。

刚开始，投资咨询顾问们认为，分析和量化风险容忍度并不是什么困难的事情。通过面试和答卷的方式，他们就可建立一套投资者的风险档案。但问题在于，人的容忍度是基于情感之上的，且随着情况的变化而变化。所有上述构成对资产态度的心理学原理，都可用来测定对风险的反应。当股市大幅下挫时，即使那些在风险档案中非常"胆大妄为"的投资家也变得缩手缩脚起来。而当股价大幅攀升时，不仅是激进的投资者，就连保守的投资者也都增添了新股。

还有另一个起着重要作用的因素，那就是前面提到过的过度自信问题。在我们的习惯中，风险承担者是备受人们敬仰的。投资者受此影响，趋向于认为自己也具有很强的承担风险的能力，但实际上他们不能。他们的表现就如同心理学家布瑞特（D. G. Pruitt）所描述的"狂想家效应"那样，只不过是在自己自我暗示下的一种狂想而已。

早在 20 世纪 30 年代，美国最伟大的幽默作家之一詹姆斯·瑟柏（James Thurber）写了一篇幽默故事，名字叫《沃尔特·米蒂的私生活》（The Secret Life of Walter Mitty）。后来这个故事被拍摄成一部令人难忘的电影，由丹尼·凯伊（Danny Kaye）领衔主演。片中的沃尔特是一个缩头缩脑、鼠目寸光的男人，且完全受制于他那彪悍且伶牙俐齿的妻子。他应对生活的方法是做白日梦，梦中这个好脾气的米蒂被幻化成一个勇猛顽强的英雄，他总是及时出现并解救众生。片中的他一会儿还在为忘了妻子交代的杂事而痛苦呻吟，另一会儿他又变成一位无畏的轰炸机驾驶员，正独自执行一次危险的任务。

布瑞特认为投资者对股市的反应颇像米蒂对生活的反应。当股价上扬时，他们成为自己眼中的英雄，敢于承担额外风险。但当股价下挫时，投资者拥挤在门口，然后逃之夭夭，不见了踪影。

究竟如何克服"狂想者效应"呢？我们要找出衡量风险容忍度的尺度，这个尺度要尽可能地解释产生这一现象的原因。我们必须深入到标准分析问答题的表层之下，去探求心理上的深层驱动因素。几年前，美国维拉诺娃大学（Villanova University）的贾斯廷·格林（Justin Green）与人合作开发了风险分析工具，这种工具不仅强调明显的、直接的风险因素，更强调人的性格因素。在研究了大量的风险容忍度方面的文献（其中既有理论性文献也有实证性文献）后，将重要的人口统计因素与倾向进行抽象化，并综合在一起考虑，从而得出了更加精确的风险容忍测量尺度。

研究结果表明承担风险的倾向与两项人口统计因素有关：年龄与性别。老年人比年轻人更不愿意冒险，妇女比男人更小心谨慎。结果显示出一个有趣的现象：风险似乎与财富的多少没有关系，钱多或钱少对风险的忍耐度好像也没有太大的影响。

有两项性格特征与风险容忍度密切相关：一是自控能力，二是成就动因。自控能力指的是人们感觉他们自己能在多大程度上影响其生活的环境，以及做出相应生活决策的能力。那些认为自己有控制周边环境能力的人被称之为"内在人"。相反，"外在人"认为自己几乎没有什么控制能力，就像一片树叶被风吹来吹去，无法控制。由此可以看出，具有高度风险承担倾向的人绝对是属于内在人一类的。

成就动因可以被描述为人们做事的方向感。我们发现善于承担风险的人是方向感很强的人，尽管对目标的高度集中可能会导致深深的失望。

当然，掌握你自己的风险承受倾向，还不仅仅意味着像是在自控能力与成就动因之间画一条相关直线那样简单。为了解性格特征与风险承受之间的真正关系之谜，你还需要知道你对风险发生时所处的环境的看法。也就是说，你认为股市是最终结果仅仅取决于运气的一场游戏，还是一个偶然的两难推理局面，但精确的信息和理性的选择相结合将会产生理想的结果。

让我们来考虑一下所有这些性格因素是如何共同发挥作用的。如果人们相信市场是由机遇推动的，他们就会躲避风险。但如果他们相信市场结果是技巧的产物，就会产生高度风险承担的倾向。

现在清楚了，展示出高度风险忍耐性的投资者是会制定目标的人，他相信自己能够控制环境并最终影响结果。他把股市看作偶然性和必然性共同起作用的两难推理的场所。在此，信息和理性的选择相结合就将产生获胜的结果。

巴菲特正是那种相信股市是偶然性和必然性共同作用，但以人的理性为主导的场所的人。只要你在投资时坚持客观地看待风险，并以自己对市场的真实看法来应对市场上的风云变幻，那么你就是对风险具有高度容忍的投资者，你就可以在坦然面对短期的市场风险之后，获得长期的市场回报。

Chapter 25　真正的投资者总能等到买卖的时机

有人认为，投资50%是科学，50%是艺术。华尔街人士认为只要一有获利，就把股票卖出了结，那么投资永远不会亏损破产。巴菲特对于这个说法的反应是，没有人会因为依循上述法则而真正变得富有。

格雷厄姆法则

巴菲特对于何时卖出股票，在本质上是效法格雷厄姆的。格雷厄姆认为，当某只股票的价格已经达到它的实质价值时就是卖出的时机。他觉得，一旦证券价格超过其实质价值，就几乎不具有潜在利益，投资人最好再寻找其他价格被低估的股票。

如果格雷厄姆以每股15美元买进一只他认为实质价值约有30至40美元的股票，当股票价格触及每股30美元时，他就会把这只股票卖掉，然后再继续寻找并投资其他价格被低估的股票。

如同我们先前所提到的，格雷厄姆发现，如果以低于该股实质价值的价格买进一只股票，持股的时间愈长，那么预期的年复利报酬率愈低。因为如果某人以每股 20 美元买进某只实质价值为 30 美元的股票，在第一年时，该股价格才上涨至其实质价值，那么年复利报酬率就掉到 22%。如果花了 3 年时间，年复利报酬率为 14.4%，4 年则为 10.6%，5 年为 8.4%，6 年为 6.9%，7 年为 5.9%，到了第八年为 5.1%。

为了解决这个持股愈久报酬率愈低的问题，格雷厄姆所采取的方法是，惟有在某股票的价格和它的实质价值有"足够"的差距幅度时，才进场买进，这样才能提供给投资人相对的安全边际（margin of safety），而安全边际就是用来保护投资人万一买到那些长时间才能充分反应实质价值的股票。投资人认为股价要多久才会上升到该股的实质价值，就决定其所需的安全边际大小。如果预期投资时间很长，那么安全边际就大；如果预期时间短，那么较小的安全边际可能就足够了。

格雷厄姆的法则又衍生出一个问题：万一股价永远无法上涨至该股的实质价值，该怎么办？万一市场无法充分反映该股的实质价值，到底要等待多久的时间？

对于这个问题，格雷厄姆的答案是等 2 到 3 年，理由是，如果某只股票价格不能上涨至其应有的实质价值，而且可能永远都达不到，在这种情况下，最好还是出清持股再寻找其他标的吧！

巴菲特发现上述的方法其实无法真正解决实现实质价值的问题，巴菲特多半时候还是握有那些从未触及预估实质价值的股票，并未出脱。因为纵使把那些股票卖了，美国的税务当局也会对资本利率收税。所以他认为格雷厄姆的处理方式有欠周详。

查理·蒙格和菲利普·费雪则提出另一种解决的办法，他们的论点是只要投资人买到一家正在成长的优良企业的股票，而且公司的经营管理阶层以股东的权益作为最大考量，那就不必出脱这只股票，除非整体环境发生变化或者另有更好的投资标的。他们认为此种投资策略，可以获得最佳报酬，因为投资人可以充分享受企业运用保留盈余进而产生的复利报酬效果。

为了实践这种策略，巴菲特放弃格雷厄姆的方法，同时不再仅基于股票价格的考量而买进股票。他开始以企业的整体经营本质来作为投资决策的依据。那些创造出高资产报酬率的优良企业，具备消费独占的特质，同时其管理阶层以照顾股东的权益为主要考虑。

当然，价格仍然是巴菲特考虑是否买进股票以及预期可以达成的投资报酬率的因素。但是，一旦买进股票，只要该企业的经营本质没有发生剧烈的改变，巴菲特就会长期持有。运用这项策略，他做了几项最棒的投资，包括《华盛顿邮报》和 GEICO 公司的投资。在过去的 12 年中，这两家公司每年都带给巴菲特 17% 以上的复利报酬率，因为巴菲特已经看出长期持有这些深具发展潜力的公司的股票，会带给他优厚的获利。纵然这两家公司的股价有时会超过格雷厄姆学派人士所认定的实质价值，巴菲特还是继续持有这些股票而未曾出脱。"要拔除的是花园里的杂草，而不是那些会开花结果的植物。"

多头和空头市场

很多投资人经常受到市场上谣传下一个空头市场即将来临的威胁，导致心生畏惧，进而成为受害者。

费雪认为这样的做法很愚蠢。首先，空头市场不可能会如计划所排定的时间而发生。再者，华尔街那些预言家，预测错误的次数和他们猜对的次数一样多，如果某人相信了空头市场即将来临而出脱手中不错的投资，那么这人会发现，通常卖出股票后，所谓的空头市场立即转为多头市场，于是，又再次错失良机。

但这人可能又说，如果空头市场不会降临，那么他可以再回到股市，同时以比较低的价格再买进先前出清的股票。但实际上卖股之后，必须缴交交易所得税和手续费，所以某人拿到手的现金会比原先的要少。此外，就算是空头市场真的来临，而你想趁机再买回原先的股票，也要等到股价跌到可以弥补你所付出的税和手续费的价位。费雪也提到他所认识的朋友很少会在空头市场时再度介入股市。

伯纳德・巴洛克依他的经验给投资人一个建议，"别期望总是可以买在最低点，卖在最高点"，这是不可能办到的——除非是骗子。

巴菲特的解决方法是全然忽视所谓的空头和多头市场。他可以做得到是因为他以合理的价格买进股票，如果股价过高而无法提供足够的投资报酬，那么他就不会买进，每日市场的变动不会影响巴菲特，而巴菲特也不去考虑这档事，反之，他所思考的是要投资哪些企业，并以合理的价格买进。

巴菲特观察到，纵使"多头市场"在反转时也可能涌进大量买盘；而在空头市场，仍有许多公司的股票被贱价抛售，通常巴菲特会利用这个大好时机，来找寻投资机会。

在 1987 年股市崩盘时，市场上出现投资人疯狂抛售持股，反倒是巴菲特好整以暇，等着捡便宜。他以极低的价格买进他中意的股票，正如他投入 10 亿美元资金买进可口可乐股票一般。在那个时候，他并没有卖股票换现金，也不是袖手旁观。在他的眼中所看到的净是机会，而其他的人只看到恐惧。巴菲特之所以敢这么做，是因为他是以企业主的观点来进行投资的。

买卖时机是耐心等来的

格雷厄姆在晚年时曾说，他认为市场由两种人所组成。一种是以长期投资为主的投资人，并相信股价最终会反映其内在价值；另一种是投机者，把进出股市的买、卖当成赌博游戏，投资人随市场消息买进卖出，股票的真正价值也会受到影响。但他认为也就是因为这个"赌博市场"充斥着惧怕和贪婪的现象，那些耐心的投资人反而可以殷切地等待买卖时机。

巴菲特补充说，只要公司能善加运用公司资本，并保留相关盈余用以增加公司净值，那么长期来说，该公司的股价会回升到该股实质价值的价位。有一个最好的例子，就是伯克希尔·哈撒韦公司。在 1981 年该公司每股净值 527 美元，而股价为 525 美元。16 年后，也就是 1997 年，该公司每股净值 20000 美元，股价高达每股 37000 美元。巴菲特的做法是善加运用保留盈余，买下其他获利良好的公司全部或部分的股份。当公司的净值增加，市场上对该股的评价也增加，所以股价也会上涨。

Chapter 26　如同 "旅鼠" 的基金经理人

旅鼠是住在冻原地带的一种小体形的鼠类。它们之所以出名，是因为有着一种很特殊的习惯。平时，这些旅鼠会在春天时分移居，到处去寻找食物和居所。每过三四年，一种奇怪的现象就会出现。

旅鼠生育力极强，而死亡率又奇低，所以短短几年之内，数目就很惊人。当它们的数目飙升到某个地步的时候，它们就会开始在晚间朝着海边的方向移动。不久后，它们也敢在白天走动。平时它们所害怕的动物，这时他们也不管那么多了，因此不少旅鼠就这样被吃掉，有些则饿死，有的呢，却是遇上意外而死。但大部分的旅鼠，都能够抵达目的地——海边。

到了海边，这些旅鼠就跳下海，一直不停地游泳，游到它们因疲劳过度而死。

这样，旅鼠的数量锐减，又恢复到了三四年前的状态。旅鼠大规模地在短时间内被吃掉、饿死或在海中累死，这在动物界是少见的现象，究其原因，乃是在于旅鼠们的群体盲目性——盲目地在白天走动,盲目地跳下海,以及旅鼠们的个性盲从性——追随群体的选择,即使面临平日害怕的动物也不恐惧。巴菲特认为华尔街的基金经理们像极了旅鼠。

巴菲特认为,导致基金经理人像"旅鼠"的深层原因就是情绪化严重。这几千个基金经理人都是阅读着相同的报章杂志,相信同一些"专家"的预言,而最明显的是,他们都不敢和其他基金表现不一样。其中原因其实很简单,如果你管理的共同基金取得极佳表现,你的投资人当然会很高兴,你的奖金当然也会跟着增加。但万一你的投资下跌,而其他基金皆涨的时候,你的职位可就成问题了。

所以,可以了解的是,基金经理们不时都在关注着"其他基金在做些什么?""其他基金买了什么?又卖了哪些?"这些,都是"旅鼠"和"市场先生"的化身。

读者可以把所有共同基金的投资报酬率拿来比较,看看有没有人能够远远地击败同行,又有谁能够长久地做到这一点。

今日在美国的基金界,正在酝酿着一件可怕的历史事件。近年来电脑科技股的大幅攀升,使很多散户股民因投机式的玩法赚到了钱,很多小型的投机式基金也赚到了钱。最糟的是,一些大型的传统基金,最近一两年来,也开始依靠科技股来提高自己整体组合的报酬率。

开始时,这些基金担心投资人会发现这种投机式的玩法而远离他们，所以虽然一整年里依靠这些科技股赚到了些钱，但大家都不会忘了在年底时，进行所谓的"橱窗粉饰"，把这些投机股卖出，换回传统保守的大型公司股份，使得投资人眼睛看了，心里在想：哇塞，我的基金多么棒，只是投资在稳重的蓝筹股里，也能够取得那么高的报酬率！

但在过去一年里，美国基金界却有了很大的改观。这主要是因为整个投资界看到了这些年来科技股的巨幅飙升，使得美国指数不停地调整，把这些科技股选上，而踢走股价表现差劲的非科技股。试想，就连指数也理所当然地承认了科技股的表现，基金又为何不去投资这些未来的明星股呢？如果能够找到还未进入指数股的科技公司，买入之后，等到这些公司被选上进入指数股时，因为很多指数基金必须因组合因素而增额买入时，将更容易盈利。这种思想，已经深入美国民心，使得今日的基金经理人，已经不必特地去进行橱窗粉饰，因为投资人看到你基金里有一些明星科技股，就会更加欣赏你的投资表现！

有许多人认为巴菲特没有投资过电脑科技股是其一大遗憾，然而巴菲特却认为，如果美国纽约股票交易所能够顺利度过千年虫的心理障碍期而不崩盘的话，那纽约股市还有一段上涨的空间。毕竟，还有很多传统的庞大基金还未大肆入场争购近年来已经飙升的科技股。在接下来的几年里，在不懂得投资的美国人的压力下，以及在本身愚蠢的投资决策下，这些共同基金将会逐步提升他们在科技股的持有比重，因此造成已经不符实际（企业操作）盈利的股价继续攀升。这将会引发更大的股市崩盘事件，同时也为本书读者制造了类似1987至1990年那样，大举进场买进廉价可口可乐等公司股份而发大财的大好良机！

巴菲特除了形容基金经理像"旅鼠"之外，更创造了一个新名词献给他们，那就是"集团避免不了的疯狂"（巴菲特在几十年的投资生涯中，为了更有效地解释投资概念，在评论中创造了很多的新名词）。

集团的疯狂，是指明知道自己在做的是不对的事，却因其他人也都在做，而不得不做的不健康现象。

在投资世界里，巴菲特看到了基金和分析师的疯狂；在商业环境里，巴菲特更是看到上市公司的疯狂。

投资世界的疯狂，使伯克希尔得以低价购入优秀公司。上市公司的疯狂，则导致众多行业竞争者被不理智、低于成本的削价战淘汰或伤到元气，陷入流沙不能自拔。

经济蓬勃发展时，像沃尔玛百货公司和NFM那样良性的削价是好事，但在经济萧条时，以低于成本价格求存，只会使公司陷入困境。巴菲特称之为"在流沙中挣扎"，越是挣扎，会越快往下沉。这个时候，不动才是上上之策。

Chapter 27　保险业与极端的投资自律

保险业是巴菲特最感兴趣的行业。

他所控制的第一家公司伯克希尔是纺织业。开始时还有些盈利，但接下来就亏损连连。巴菲特之所以成功，就是当纺织业者都忙着把常年盈利投资在工厂的新设备时，他却聪明地买入了几家保险公司。

这几家保险公司的盈利，使伯克希尔得以投资更多优秀的公司，买入更多的保险公司。

巴菲特最近几年不停地强调，保险业将会是伯克希尔未来的最大扩展功臣和盈利来源。

1998 年 12 月，伯克希尔完成了公司史上最大宗的收购行动——以近 200 亿美元股价收购美国最大的"通用再保公司"（General Reinsurance Corp，简称 Gen Re）。

为什么先前的几家保险公司能为伯克希尔提供强大的威力？为什么巴菲特一直强调保险业将是伯克希尔的主要扩展功臣？为什么今日伯克希尔的资产大半放在保险生意里？

一言以蔽之，巴菲特厉害的地方，在于他的投资自律。

自律就是理性。自律就是当别人都疯狂的时候，惟你独醒。自律就是不陷入"集体的疯狂"，适逢经济不景气大家都掉进流沙中，百般挣扎、越陷越深的时候，惟你采取不动的策略，留下力气，等待好景到来，大家都已筋疲力尽时，才大展身手。巴菲特曾说过，知道自己做错了，但还加倍努力的，是最傻不过的行为。但人性常情是，大家都错就是对的。这个时候，能够避免群众自毁的，就是投资自律。

巴菲特的投资自律，在商场上用得着。比如查理・蒙格主管的一家信贷公司，曾经在美国地产崩溃前几年，就已经发现美国人炒作地皮和借贷的风险，而完全不放出新贷款，把分行关掉，最后只剩下总部办公室和对面购物中心的一家分行。这使公司避开了紧接而来的美国史上最大宗政府动用纳税钱解救企业的事件。

这种极端的自律，用在保险业，其威力更是凸显。针对保险业，巴菲特评论说，这是一个经理人的错误能够被迅速加剧的行业。

为什么这么说呢？

一般的生意，如果经理人判断错误，通常也只是亏掉公司的一些资本。保险公司的情形类似银行那样，有"杠杆作用"，能够使情况恶化十倍甚至几十倍。与银行不同的是，保险业还牵涉到难度极高的"预测"。

在预测未来成本和赔偿方面，保险公司经理人的诚恳性很重要，因为 10 个人能算出 12 个未来预测数额。

巴菲特多年来的经验是，保险公司通常都不保守，导致它们的股东常常受到惊吓。惨的是，巴菲特发现，保险业里的惊吓，几乎全部是负面的惊吓！

比如，当保险业行情不佳、保费下降时，大家为了争取预订的保险额增长率，必须出尽法宝削价竞争，宁可以亏钱方式卖出保单，而希望能够从保单的投资上获利弥补。就因为一般保费的收取和付出相差好多年，因此这种卖保单和投资上的错误，往往要等很多年才显现。

巴菲特的企管精神是，他没有所谓的策略。如果行情好，他就做；行情不利于公司，他就缩头。这一点，在管理保险公司上最为明显。他说，视行情而定，他今年可以只卖去年五分之一的保额，也可以卖到去年五倍的保额。这和一般保险公司由上到下，每一阶层都有各自若干百分点的增保率目标的现象，简直是天渊之别。这也是伯克希尔能够在未来 15 年里赚大钱的秘诀。

伯克希尔也是一大再保公司。一般的保险公司担心万一卖出去的保单在同一个时候需作赔偿而承担不了，因此都向再保公司购买保险。这在天灾方面最明显。比如，美国两大天灾是加州地震和佛州飓风。这里的人民都要为他们的房地

产购买不少的保险，但抢着卖保险给这些人的保险公司，万
一发生灾难时怎能赔得起？伯克希尔是这方面最大的再保
公司。

在再保行业里，稳健经营比在保险行业里更重要。一般
投保人买保险时，不大会过问公司的偿还能力，毕竟保险公
司都向再保公司购买保险。投保人反而视保单价格为首要考
虑因素。但保险公司向再保公司买保险时，后者的偿还能力
可就是首要考虑，价格其次。试想，一旦需要赔偿时再保公
司赔不起，保单便宜又有什么意义呢？

在这方面，伯克希尔的优势就很明显。收购 Gen Re 之
后，伯克希尔是美国境内股东资金最大的公司。平时人们常
看到报道说哪一家公司是最大的，其实主要是以营业额或盈
利为标准。保险公司寻找再保公司买保险时，不是看这些数
据的。真正反映偿还能力的是股东资金，这也等于"净资
产"。换言之，公司变卖所有资产、偿还贷款之后，所剩下
的才是属于股东的资产。

保险公司都知道，跟伯克希尔买再保，任何时候，伯克
希尔都能够悉数赔偿。比如，即使是同一年里加州和佛州两
地同时发生地震和飓风，而伯克希尔必须悉数赔偿的话，这
也只将动用到伯克希尔净资产的 2% 而已。这种优势使伯克
希尔能够要求比竞争者更可观的保费。可观的保费也就意味

着，伯克希尔股东的获利更多！

巴菲特说，伯克希尔在保险业里，是消费者极其需要的稳定力量。当其他保险公司大肆扩展时，伯克希尔收缩，但大家因担心而不敢卖保险时，伯克希尔则入场满足消费者的要求。

美国保险业的普遍现象是，大家都在卖的保险，人人都敢卖。别人不敢卖的，尤其是很特别的，就人人都不敢去动。原因很简单：人人都卖的，你去卖，即使亏钱，也没人会怪你，毕竟整个行业都在亏钱啊！反而是那些没人敢卖的特殊保险，如果你胆敢去卖，赚钱时没几人会称赞你，而会说你是运气好，一旦亏钱可就遭殃了。这是典型的"集团的疯狂"，可以比美基金经理人左看右看、有样学样的可怜现象。

巴菲特的保险管理哲学是，股东给钱让他管理，就是要他计算出有获利潜能的就去做，而不是为了害怕亏钱时被骂而不敢去做巨大盈利潜能的生意。巴菲特也很惊讶，在保险业里，竞争者有时候很不理智售卖亏钱的保单。可怕的是，这些保单不但会在多年后出乎意料地出现，而且会导致很惨重的亏损。反而是几率上赚钱的保单却没人敢卖。比如1998年底伯克希尔卖出一宗担保一家新建职业球场贵宾座位票房的保险，就是在无对手情形之下标到的。这种独立判断的精神，不但造福于那些不可不买保险的消费者，也为股东们带来巨大的盈利，真是皆大欢喜。

巴菲特更发现，有时不是保险公司不会算几率，而是为了追求常年盈利的稳定性，而不敢售卖那些长达数年能够赚大钱、但却也可能导致一整年亏损的保单。尤其是共同的保险公司每年都被独立地评估审判，因此不敢贸然影响评估等级。伯克希尔规模庞大且所涉行业又分散，因此不受评估影响，这是一大优势。

Chapter 28　如果不了解他们生产什么，最好不要投资

　　了解公司生产什么产品与该产品如何使用，是巴菲特的必修课程之一。他喜欢的企业是，该公司产品并不会因为科技的进步而遭淘汰，这就表示许多科技产业公司已被拒于选择之外。而这并不表示依照巴菲特的理论就不能投资这些公司了。巴菲特的意思是如果你不了解他们生产什么产品，你最好不要投资。

　　其中的诀窍是你了解你投资的是什么，才不会迷失在竞争的旋涡中。这当中没有假设，也没有"但是"等不确定的成分。你必须了解这个游戏的本质，了解企业的本质是了解企业潜在经济状况的本质。而它的经济状况也可以让你分辨出，这是商品或是消费独占企业型的公司。它也可以告诉你管理阶层是否有能力将保留盈余转入再投资，转而使投资人受益，它也将告诉你公司值多少钱，以及是否可预测公司未来盈余趋势的概念。预测公司未来盈余趋势，是计算公司价值的关键。

　　因此，你需要投资建议吗？你要将企业分成两大类，一是商品形式的企业，另外一类是消费独占形式的企业。其中有些是公开上市交易的企业，也就是说你能够通过集中交易市场买卖这些股票。然而也有一些仍是企业主私人拥有，你根本投资无门。

　　可能你每次工作后总是要喝可口可乐，由于可口可乐风行全世界，你可以说它是消费独占的事业。你读的《华尔街日报》，也是消费独占的事业。你的汽车必须加油，你可能用香奈儿香水，这些也是消费独占的事业。仔细观察每天生活的点点滴滴，你会看到许多企业品牌在你生活中。汽车技师了解汽车业，药师了解制药业，而在便利商店柜台后的服务人员，能不假思索地告诉你哪种饮料、啤酒、香烟或糖销路最好，而他可能一辈子也没读过一份分析报告。

　　一家电脑公司的推销员打电话给你，告诉你该公司销路最好的电脑及最热卖的软件是什么。如果你在电脑销售店工作，你们除了苹果电脑以外几乎所有的电脑都用 Windows 的软件，你可能会有预感，生产 Windows 的人可能蛮赚钱的。做一点点小的调查，结果你的答案是制造 Windows 的微软公司值得投资。

　　了解了很多的企业，也就等于有了许多个潜在的投资机会。